写给孩子的
文学常识课

主　编　朱春梅
副主编　刘治国　杜宏芳　李　晖　彭　静

中国民族文化出版社
北　京

图书在版编目（CIP）数据

写给孩子的文学常识课 / 朱春梅主编；刘治国等副主编. -- 北京：中国民族文化出版社有限公司, 2024.12. -- ISBN 978-7-5122-1672-3

Ⅰ. G634.303

中国国家版本馆 CIP 数据核字第 2024WS1280 号

写给孩子的文学常识课
XIEGEI HAIZI DE WENXUE CHANGSHIKE

作　　者	朱春梅
责任编辑	李路艳
责任校对	李文学
装帧设计	姚　宇
出 版 者	中国民族文化出版社　地址：北京市东城区和平里北街 14 号
	邮编：100013　联系电话：010-84250639　64211754（传真）
印　　刷	河北鸿运腾达印刷有限公司
开　　本	710mm×1000mm　1/16
印　　张	20.25
字　　数	283 千
版　　次	2025 年 1 月第 1 版第 1 次印刷
标准书号	ISBN 978-7-5122-1672-3
定　　价	89.00 元

版权所有　侵权必究

编者简介

朱春梅,中学高级教师,北京市优秀教师,北京市教学骨干。北京市教育学会小学语文教学专业委员会理事,北京市朝阳区教育研究中心小学语文教研室教研员,多年从事小学语文高年级教学研究指导工作,培养出多名市区级骨干教师。曾获得北京市第六届青年教师阅读大赛一等奖、"京城杯"教学展示活动优胜奖。中国基础教育质量监测协同创新中心核心成员,主持国家级课题2项,参与课题1项。"最美散文系列丛书"《中华传统文化读本》等多部图书编委。撰写的十余篇论文获得市级奖项并在报刊上发表。同时,指导朝阳区多名教师参加"京教杯""京城杯"等市级教学大赛,所指导的选手分别获得了北京市大赛一、二等奖的好成绩。指导市区联动课百余节,均获各级专家好评。

刘治国,北京市朝阳区呼家楼中心小学柏阳分校党委书记兼校长,北京市中小学高级校长、中学高级教师。曾任北京市朝阳区团结湖第二小学党委书记兼校长,清华大学附属小学商务中心区实验小学党委书记。曾获得"全国十佳辅导员""北京市优秀教师""北京市先进德育工作者"等荣誉称号,被评为朝阳区骨干教师。兼任北京市少工委委员、朝阳区校长管理分会理事、朝阳区心理健康教育分会理事。

杜宏芳,朝阳区骨干教师,毕业于首都师范大学教育学专业,从教30年,长期从事小学班主任工作,对语文教学与学前教育有深入的研究。曾荣获联合国教科文组织在华项目ESD课题组北京地区教育促进可持续发展北京市先进个人。执教的多节研究课获国家级、市级奖项。长期坚持笔耕,撰写的近百篇论文、多个案例获得国家级、市级、区级奖项,《充分利用语文教材渗透环境教育》《班会设计四个"一点"》等近几十篇文章发表在正式出版物中,主编的《学前语文》一书2020年4月由文心出版社出版。

李晖,女,1973年出生,1993年参加工作,一直从事音乐教学工作。2007年9月来到北京市朝阳区兴隆小学从事音乐教学工作，一直负责话剧团组织排练工作，担任艺术组组长，指导的几十部作品获得北京市级或全国级奖项，为学校成功申报并蝉联北京市金帆话剧学校做出重大贡献。在音乐教学中，积极进取，大胆实践，努力尝试把诗歌、戏剧等元素融入到课堂教学当中，让学生接受中国传统文化的熏陶。多次指导学生在毕业典礼等重大活动中展示中国古诗词等中国风表演，受到广大师生喜爱。主编的《其实成语并不难》一书于2023年4月由中国民族文化出版社出版，深受读者好评。

彭静，国家"十三五"课题研究员，中国散文家协会成员，中华吟诵学会成员，曾任武当山中学教师、《中小学生作文选》编辑、"南风文言文大赛"评委、"叶圣陶杯"全国中学生新作文大赛组委会成员。指导学生参加"冰心奖""孙敬修杯""叶圣陶杯"等多项赛事并获得佳绩。学生作品发表在《语文报》《中华辞赋》等报刊中。

前言

2020年修订的2017年版《普通高中语文课程标准》（以下简称《课程标准》），提出"文化传承与理解是指学生在语文学习中，继承和弘扬中华优秀传统文化、革命文化、社会主义先进文化，理解和借鉴不同民族和地区的文化，拓展文化视野，增强文化自觉，提升中国特色社会主义文化自信，热爱祖国语言文字，热爱中华文化，防止文化上的民族虚无主义"。其中包括"传承中华文化""理解多样文化""关注、参与当代文化"等具体的文化教育目标。文化传承需要经历由观念的形成到行动的实践的过程，我们基于帮助学生深入了解中华文化，增强民族自信心，激发民族自豪感的目标，结合时代发展的需要，编写了《写给孩子的文学常识课》传统文化读本。

本书经过周密的考量和严格的筛选，根据《课程标准》，吸收了一些权威学者最新的青少年阅读研究成果，精心编写而成。

本书是专为广大中小学生倾力打造的经典读物，内容完善，知识准确，体例设置科学实用。全书包括传统文化常识、古诗词赏析、经典散文、写作方法及阅读策略等方面内容，对名家名篇中的精髓部分、重点、难点、考点，进行了细致的讲解，旨在帮助学生积累文学常识，掌握阅读方法，借鉴写作技巧，切实提高语文素养。

希望同学们能通过这本书进一步调动阅读积极性，激发对传统文化的热爱，提高阅读品位，在书香的熏陶中增长智慧。希望本书成为广大中小学生的良师益友。希望各位读者成为"腹有诗书气自华"的人。

目录

- 第一章 古代文化常识 ································· 1
- 第二章 诗经 ······································· 7
- 第三章 楚辞 ······································ 21
- 第四章 诸子百家 ··································· 25
- 第五章 楚声短歌 ··································· 37
- 第六章 汉乐府 ····································· 39
- 第七章 魏晋文学 ··································· 41
- 第八章 唐诗 ······································ 53
- 第九章 宋词 ····································· 101
- 第十章 古典小说 ·································· 119
- 第十一章 现当代散文 ······························· 131
- 第十二章 现当代诗歌 ······························· 161
- 第十三章 现当代小说 ······························· 181
- 第十四章 警世名言 ································ 189
- 第十五章 古文华章 ································ 197
- 第十六章 飞花令 ·································· 273
- 第十七章 对联 ···································· 299
- 后记 ··· 307

第一章 古代文化常识

一、年龄称谓

豆蔻年华：女子十三四岁的年纪。

及笄：女子年满十五岁。

弱冠：男子二十岁左右的年纪。

而立：三十岁。

不惑：四十岁。

花甲：六十岁。

古稀：七十岁。

期颐：一百岁。

二、敬辞与谦辞

敬辞类

令：令尊、令堂、令郎、令爱

惠：惠顾、惠存、惠赠

垂：垂问、垂询、垂念、垂爱

赐：赐教、赐复

高：高见、高论、高寿、高龄、高就、高朋、高邻

贤：贤弟、贤侄

奉：奉送、奉还、奉劝、奉陪

其他：久仰、劳驾、赏光、赏脸、贵姓、贵庚、大作、大驾

谦辞类

家：家父、家严、家君、家母、家慈

舍：舍弟、舍妹

小：小弟、小儿、小女

愚：愚兄、愚见

拙：拙作、拙著、拙见

敝：敝人、敝姓、敝校

鄙：鄙人、鄙见

其他：寒舍、见教、见谅

三、天干地支

十天干：甲、乙、丙、丁、戊、己、庚、辛、壬、癸

十二地支：子、丑、寅、卯、辰、巳、午、未、申、酉、戌、亥

四、十二生肖

鼠 牛 虎 兔 龙 蛇
马 羊 猴 鸡 狗 猪

五、三十六计

原书按计名排列，共分六套，即胜战计、敌战计、攻战计、混战计、并战计、败战计。前三套是处于优势时所用之计，后三套是处于劣势时所用之计。每套各包含六计，总共三十六计。

三十六计是中国古代兵家计谋的总结和军事谋略学的宝贵遗产，为了便于人们熟记这三十六条妙计，有学者在三十六计中每取

一字，组成一首诗：

　　　　金玉檀公策，借以擒劫贼，
　　　　鱼蛇海间笑，羊虎桃桑隔，
　　　　树暗走痴故，釜空苦远客，
　　　　屋梁有美尸，击魏连伐虢。

　　全诗除了檀公策外，每字包含了三十六计中的一计，分别为：金蝉脱壳、抛砖引玉、借刀杀人、以逸待劳、擒贼擒王、趁火打劫、关门捉贼、浑水摸鱼、打草惊蛇、瞒天过海、反间计、笑里藏刀、顺手牵羊、调虎离山、李代桃僵、指桑骂槐、隔岸观火、树上开花、暗度陈仓、走为上、假痴不癫、欲擒故纵、釜底抽薪、空城计、苦肉计、远交近攻、反客为主、上屋抽梯、偷梁换柱、无中生有、美人计、借尸还魂、声东击西、围魏救赵、连环计、假道伐虢。

六、诗人世称

诗仙（李白）　　　　诗圣（杜甫）　　　诗佛（王维）
诗杰（王勃）　　　　诗星（孟浩然）　　 诗骨（陈子昂）
诗狂（贺知章）　　　诗魔（白居易）　　 诗豪（刘禹锡）
诗囚（孟郊）　　　　诗鬼（李贺）　　　 诗奴（贾岛）
诗魂（李商隐）　　　诗僧（齐己）　　　 五言长城（刘长卿）
七绝圣手（王昌龄）　　　古今隐逸诗人之宗（陶渊明）
大李杜（李白、杜甫）　　小李杜（李商隐、杜牧）

七、古人雅号

孔子：名丘，字仲尼，春秋时期鲁国人，被后世尊为"大成至圣先师"。

陶渊明：号"五柳先生"，被称为"古今隐逸诗人之宗"。

李白：字太白，号青莲居士、谪仙人，被誉为"诗仙"。

杜甫：字子美，号少陵野老，被誉为"诗圣"，代表作为"三吏""三别"。

王维：字摩诘，号摩诘居士，被誉为"诗佛"。

白居易：字乐天，号香山居士，又号醉吟先生，有"诗魔"和"诗王"之称。

苏轼：字子瞻，号东坡居士。

辛弃疾：字幼安，号稼轩居士，有"词中之龙"之称。

李清照：号易安居士，有"千古第一才女"之称。

八、文学流派

建安文学："三曹"（曹操、曹丕、曹植），"建安七子"（孔融、陈琳、王粲、徐干、阮瑀、应玚、刘桢）

竹林七贤：嵇康、阮籍、山涛、向秀、刘伶、王戎、阮咸

边塞诗人：高适、岑参、王之涣、王昌龄

田园诗派：东晋陶渊明，唐代王维、孟浩然

豪放派：苏轼、辛弃疾、陆游、刘克庄、张元幹、张孝祥

婉约派：柳永、秦观、李清照、欧阳修、晏殊

唐宋八大家：韩愈、柳宗元、苏洵、苏轼、苏辙、欧阳修、王安石、曾巩

九、四书五经

四书：《大学》《中庸》《论语》《孟子》

五经：《诗经》《尚书》《礼记》《周易》《春秋》

十、古代圣手

书圣（王羲之）　　**草圣**（张旭）　　**武圣**（关羽）

词圣（苏轼）　　　**医圣**（张仲景）　**史圣**（司马迁）

诗圣（杜甫）　　　**至圣**（孔丘）　　**亚圣**（孟轲）

画圣（吴道子）　　**曲圣**（关汉卿）　**文圣**（欧阳修）

茶圣（陆羽）　　　**酒圣**（杜康）　　**兵圣**（孙武）

药圣（李时珍）　　**乐圣**（李龟年）

第二章 诗经

周南·关雎

关关雎鸠①,在河之洲。

窈窕淑女②,君子好逑③。

参差荇菜④,左右流之。

窈窕淑女,寤寐⑤求之。

求之不得,寤寐思服。

悠哉悠哉⑥,辗转反侧⑦。

参差荇菜,左右采之。

窈窕淑女,琴瑟友之。

参差荇菜,左右芼⑧之。

窈窕淑女,钟鼓乐之。

【注释】

①关关:雌雄二鸟应和的叫声。雎鸠(jū jiū):一种水鸟名。

②窈窕(yǎo tiǎo)淑女:贤良美好的女子。窈窕,美好文静的样子。淑,女子贤良贞静。

③好逑(hǎo qiú):好的配偶。好,美好,善。

④参差:长短、高低不齐的样子。荇(xìng)菜:水草类植物。

⑤寤寐(wù mèi):醒时和睡时。犹言日夜。寤,睡醒。寐,睡。

⑥悠哉悠哉:思念绵绵不断。

⑦辗转反侧:翻来覆去不能入眠。

⑧芼(mào):择取,挑选。

秦风·蒹葭

蒹葭苍苍①,白露为霜。

所谓伊人②,在水一方。

溯洄从之③,道阻且长。

溯游从之,宛在水中央。

蒹葭凄凄④,白露未晞⑤。

所谓伊人,在水之湄⑥。

溯洄从之,道阻且跻⑦。

溯游从之,宛在水中坻⑧。

蒹葭采采,白露未已⑨。

所谓伊人,在水之涘⑩。

溯洄从之,道阻且右。

溯游从之,宛在水中沚⑪。

【注释】

①蒹葭（jiān jiā）：芦苇。苍苍：茂盛的样子。

②伊人：那个人，指所思慕的对象。

③溯洄（huí）：逆着弯曲的水道，也指弯曲的水流。洄，逆流而上。从：追寻。

④凄凄：同"萋萋"，草木茂盛的意思。

⑤晞（xī）：干。

⑥湄（méi）：岸边，水和草相接的地方。

⑦跻（jī）：登，升高。这里指道路陡高。

⑧坻（chí）：水中的小洲或高地。

⑨已：止，干。

⑩涘（sì）：水边，岸边。

⑪沚（zhǐ）：水中的小块陆地。

卫风·木瓜①

投②我以木瓜,报之以琼琚③。

匪④报也,永以为好也。

投我以木桃⑤,报之以琼瑶。

匪报也,永以为好也。

投我以木李⑥,报之以琼玖⑦。

匪报也,永以为好也。

【注释】

①木瓜:植物名。

②投:赠送。

③琼琚(jū):玉佩,美玉为琼。

④匪:非,不是。

⑤木桃:果名,即楂子,比木瓜小。

⑥木李:果名,即榠楂,又名木梨。

⑦琼玖(jiǔ):美玉名。

郑风[1]·子衿[2]

青[3]青子衿，悠悠[4]我心。

纵[5]我不往，子宁不嗣音[6]？

青青子佩[7]，悠悠我思。

纵我不往，子宁不来？

挑兮达兮[8]，在城阙[9]兮。

一日不见，如三月兮。

【注释】

[1]郑风：《诗经》"十五国风"之一，今存二十一篇。

[2]子衿：周代读书人穿的服装。子，男子的美称，这里指"你"。衿，衣服的交领。

[3]青：黑色。古代青指黑色。

[4]悠悠：忧思不断的样子。

[5]纵：纵然，即使。

[6]宁（nìng）：岂，难道。嗣（sì）音：寄传音讯。嗣，通"贻"，一作"诒"，寄的意思。

[7]佩：古代系于衣带的饰物。这里指系佩玉的绶带。

[8]挑兮达（tà）兮：走来走去的样子。

[9]城阙：城门两边的观楼。

陈风·月出

月出皎①兮。佼人僚兮②。

舒窈纠兮③。劳心④悄兮。

月出皓兮。佼人懰⑤兮。

舒懮受⑥兮。劳心慅兮。

月出照兮。佼人燎兮。

舒夭绍兮。劳心惨兮。

【注释】

①皎：月光洁白明亮。《毛传》："皎，月光也。"

②佼（jiǎo）人：美人。佼，美，美好。僚（liǎo）：美好的样子。

③舒：舒徐，舒缓，此处指从容娴雅。窈纠：行步舒缓的样子。

④劳心：忧心。

⑤懰（liǔ）：美好的样子。

⑥懮（yǒu）受：步履轻盈，体态优美的样子。

小雅·鹿鸣

呦呦①鹿鸣，食野之苹。

我有嘉宾，鼓瑟吹笙。

吹笙鼓簧，承筐是将②。

人之好我，示我周行③。

呦呦鹿鸣，食野之蒿。

我有嘉宾，德音孔昭④。

视民不恌⑤，君子是则是效。

我有旨⑥酒，嘉宾式燕以敖。

呦呦鹿鸣，食野之芩。

我有嘉宾，鼓瑟鼓琴。

鼓瑟鼓琴，和乐且湛⑦。

我有旨酒，以燕乐嘉宾之心。

【注释】

①呦（yōu）呦：鹿的叫声。朱熹《诗集传》："呦呦，声之和也。"
②承筐：奉上礼品。承，双手捧着。《毛传》："筐，篚属，所以行币帛也。"将：送，献。
③周行（háng）：最好的学说、方法，大道。
④德音：美好的品德声誉。孔：很。昭：明。
⑤视：同"示"。显示给人看。恌（tiāo）：同"佻"，轻薄，轻浮。
⑥旨：味美。
⑦湛（dān）：喜乐，沉迷。《毛传》："湛，乐之久。"

小雅·鹤鸣

鹤鸣于九皋，声闻于野。

鱼潜在渊，或在于渚。

乐彼之园，爰有树檀①，其下维萚②。

他山之石，可以为错③。

鹤鸣于九皋，声闻于天。

鱼在于渚，或潜在渊。

乐彼之园，爰有树檀，其下维榖④。

他山之石，可以攻玉⑤。

【注释】

①爰（yuán）：于是。檀（tán）：古书中称檀的木很多，时无定指。常指豆科的黄檀，紫檀。这里用来比喻贤人。

②萚（tuò）：酸枣一类的灌木。一说"萚"乃枯落的枝叶。这里用来比喻小人。

③"他山"二句：利用其他山上的石头可以错琢器物。错：砺石，可以打磨玉器。

④榖（gǔ）：树木名，即楮树，其树皮可做造纸原料。这里用来比喻小人。

⑤攻玉：谓将玉石琢磨成器。攻，加工，雕刻。朱熹《诗集传》："两玉相磨不可以成器，以石磨之，然后玉之为器，得以成焉。"

《诗经》选段

风

桃之夭夭,灼灼其华。之子于归,宜其室家。 ——《桃夭》
桃树茂盛花枝正好,红红的花儿多光耀。这姑娘要出嫁了,适宜恰好成了家。

麟之趾,振振公子,于嗟麟兮! ——《麟之趾》
不踏生物的麟脚趾,好比仁厚的公子。值得赞美的麟啊!

嘒彼小星,三五在东。肃肃宵征,夙夜在公。 ——《小星》
小小星辰光朦胧,三颗五颗闪天东。急急忙忙夜里行,从早到晚都为公。

何彼襛矣,唐棣之华。曷不肃雍,王姬之车。
——《何彼襛矣》
怎么如此茂盛?像盛开的唐棣花一样。为何没有庄严和谐的气象?这是王姬出嫁的车辆。

我心匪石,不可转也。我心匪席,不可卷也。威仪棣棣,不可选也。 ——《柏舟》
我心并非石头,不可以转;我心并非草席,不能翻卷。雍容娴雅有威仪,不能茌弱被欺瞒。

绿兮衣兮，绿衣黄裳。心之忧矣，曷维其亡！ ——《绿衣》
绿衣裳啊绿衣裳，绿色上衣黄下裳。心忧伤啊心忧伤，什么时候才能忘！

燕燕于飞，差池其羽，之子于归，远送于野。 ——《燕燕》
燕子飞翔天上，参差舒展翅膀。这个妇人要远嫁，远远送她到郊外。

日居月诸！照临下土。 ——《日月》
太阳啊月亮啊，照亮下面的疆土。

死生契阔，与子成说。执子之手，与子偕老。
——《击鼓》
生死聚散，我曾经与你约定。拉着你的手，和你一起老去。

习习谷风，以阴以雨。 ——《谷风》
山谷中大风飒飒作响，阴云满天雨水流淌。

式微式微，胡不归？ ——《式微》
衰微啊衰微，为什么还不回家？

毖彼泉水，亦流于淇。有怀于卫，靡日不思。 ——《泉水》
泉水汩汩流呀流，一直流到淇水里。想念我的故乡卫国，没有一日不惦记。

相鼠有皮，人而无仪！人而无仪，不死何为？ ——《相鼠》
看老鼠都有皮，做人怎能没礼仪！做人没礼仪，不去死还干什么？

瞻彼淇奥，绿竹猗猗。有匪君子，如切如磋，如琢如磨。

——《淇奥》

看那淇水弯曲处，绿竹多么婀娜。美君子，文采风流，似象牙经过切磋，似美玉经过琢磨。

手如柔荑，肤如凝脂。领如蝤蛴，齿如瓠犀。螓首蛾眉，巧笑倩兮，美目盼兮。 ——《硕人》

手像白茅的芽好柔嫩，肤如凝脂多白润，颈似蝤蛴真优美，齿若瓠瓜籽儿最齐整。额角方正眉细长，嫣然一笑动人心，秋波一转摄人魂。

谁谓河广，一苇杭之。 ——《河广》

谁说黄河宽又广？一支苇筏可渡过。

有狐绥绥，在彼淇梁。 ——《有狐》

狐狸缓缓走，在淇水石桥上。

彼采萧兮，一日不见，如三秋兮。 ——《采葛》

那位姑娘去采蒿，一日不见，好像三个月那么长。

琴瑟在御，莫不静好。 ——《女曰鸡鸣》

女弹琴，男鼓瑟，岁月和睦静好。

有女同车，颜如舜华。将翱将翔，佩玉琼琚。

——《有女同车》

有位姑娘和我在一辆车上，脸儿好像木槿花开放。似在飞行，身上佩着美玉。

17

山有扶苏，隰有荷华。山有乔松，隰有游龙。

——《山有扶苏》

山上有茂盛的扶苏，池里有美艳的荷花。山上有高大的松树，池里有丛生的水荭。

出其东门，有女如云。虽则如云，匪我思存。

——《出其东门》

出了城东门，美女多如天上的云。虽然多如云，但是非我所思之人。

野有蔓草，零露漙兮。有美一人，清扬婉兮。邂逅相遇，适我愿兮。　　　　　　　　　　　——《野有蔓草》

郊野蔓草青青，缀满露珠晶莹。有位美丽的姑娘，眉目流盼传情。有缘今日相遇，令我一见倾心。

匪东方则明，月出之光。　　　　　　　　——《鸡鸣》

不是东方明亮，是那明月的光芒。

今夕何夕？见此良人。　　　　　　　　　——《绸缪》

今夜究竟是哪夜？见这好人真欢欣。

言念君子，温其如玉。　　　　　　　　　——《小戎》

思念夫君好人儿，性情温和如玉一样。

岂曰无衣，与子同袍。　　　　　　　——《秦风·无衣》

谁说没衣穿？你我同穿一件战袍。

何以赠之？琼瑰玉佩。　　　　　　　　　——《渭阳》

用何礼物赠予他？宝石玉佩表我心。

蜉蝣之羽，衣裳楚楚。心之忧矣，于我归处。——《蜉蝣》
蜉蝣有对好翅膀，衣裳整洁又漂亮。可恨朝生暮就死，我们归宿都一样。

七月流火，九月授衣。　　　　　　　　　　——《七月》
七月"火"星偏西方，九月女工缝衣裳。

雅

伐木丁丁，鸟鸣嘤嘤。出自幽谷，迁于乔木。——《伐木》
砍起树木铮铮响，林中小鸟嘤嘤唱。

如月之恒，如日之升。如南山之寿，不骞不崩。如松柏之茂，无不尔或承。　　　　　　　　　　——《天保》
您像新月渐盈，您像旭日东升，您像南山高寿，永不亏损塌崩。您像松柏常青，子孙永远继承。

昔我往矣，杨柳依依。今我来思，雨雪霏霏。——《采薇》
回想当初出征时，杨柳依依随风吹。如今回来路途中，大雪纷纷满天飞。

夜如何其？夜未央。庭燎之光。君子至止，鸾声将将。
　　　　　　　　　　　　　　　　　　　——《庭燎》
现在是夜里什么时间？长夜漫漫天未亮。宫中的火炬烧得旺。诸侯朝见快来到，车铃叮当响。

皎皎白驹，在彼空谷。生刍一束，其人如玉。毋金玉尔音，而有遐心。　　　　　　　　　　——《白驹》
浑身皎洁的小白马，在那空旷的山谷。青草一捆做饲料，等待如玉的友人。别后音书不要吝惜，心存疏远不是知交。

溥天之下，莫非王土；率土之滨，莫非王臣。　——《北山》
普天之下的土地，莫不是国王的领土。四海之内的人，莫不是国王的臣仆。

高山仰止，景行行止。　　　　　　　　　　——《车辖》
高山仰望才见顶，大陆平坦凭人行。

鸢飞戾天，鱼跃于渊。　　　　　　　　　　——《旱麓》
鹞鹰展翅飞上天，鱼儿跳跃在深渊。

凤皇于飞，翙翙其羽。亦傅于天。　　　　　——《卷阿》
青青高高凤凰飞，百鸟纷纷紧相随，直上晴空迎朝晖。

凤凰鸣矣，于彼高冈。梧桐生矣，于彼朝阳。——《卷阿》
凤凰鸣叫示吉祥，停在那边高山冈。高冈上面生梧桐，面向东方迎朝阳。

颂

天命玄鸟，降而生商。　　　　　　　　　　——《玄鸟》
上天命令神燕降，降而生契始建商。

第三章 楚辞

离骚（节选）

帝高阳之苗裔兮①，朕皇考曰伯庸②。

摄提贞于孟陬兮③，惟庚寅吾以降④。

皇览揆⑤余初度兮，肇锡⑥余以嘉名：

名⑦余曰正则兮，字⑧余曰灵均。

纷吾既有此内美兮⑨，又重之以修能⑩。

扈江离与辟芷兮⑪，纫秋兰以为佩⑫。

【注释】

① 高阳：楚之远祖颛顼之号。一说即祝融吴回。苗裔（yì）：喻指子孙，后代。

② 朕：我。皇考：已故父亲的尊称。一说指太祖或曾祖。

③ 摄提：太岁在寅时为摄提格。此指寅年。贞：正当。陬（zōu）：正月。

④ 庚寅：庚寅日。降：降生，出生。

⑤ 皇：皇考。揆（kuí）：度量，测度。

⑥ 肇（zhào）：开始。锡：赐。

⑦ 名：命名。

⑧ 字：起个表字。

⑨ 纷：盛多貌，修饰"内美"。内美：先天具有的美好品质。

⑩ 重（chóng）：加重，增加。

⑪ 扈（hù）：披，带。江离：香草名。辟：同"僻"，幽僻。芷：白芷，香草名。

⑫ 纫（rèn）：连缀，缝纫。秋兰：香草名，即泽兰，秋季开花。

九歌·云中君（节选）

浴兰汤①兮沐芳，华采衣兮若英②。

灵连蜷③兮既留④，烂昭昭⑤兮未央⑥。

謇将憺⑦兮寿宫⑧，与日月兮齐光。

龙驾兮帝服⑨，聊⑩翱游兮周章⑪。

【注释】

①兰汤：兰草沁入其中而带有香味的热水。此下四句为祭巫所唱。

②华采：使之华丽。若英：杜若花。若，香草名，即杜若。

③灵：灵子，祭祀中有神灵附身的巫觋。连蜷：长而弯曲的样子，此处指舞蹈时身体婀娜摆动的姿态。

④既留：已经留下来。

⑤烂：灿烂。昭昭：天色微明。烂昭昭：光明灿烂的样子。

⑥央：尽，完了。

⑦謇（jiǎn）：句首语气词。憺：安居。

⑧寿宫：供神之处。此下四句扮云中君的巫所唱。

⑨龙驾：龙车。此指驾龙车。帝服：五方帝之服，言服有青、黄、赤、白、黑之五色。

⑩聊：姑且。

⑪周章：周游。

《楚辞》赏析

长太息以掩涕①兮,哀民生之多艰。　　　　　　——《离骚》
【注释】
①掩涕:掩面流泪。

亦余心之所善①兮,虽②九③死其犹未悔④。　　　——《离骚》
【注释】
①善:善爱,好的行为,珍爱,言行或理想。
②虽:即使,纵然。
③九:泛指多次或多数。
④未悔:不会懊丧,不后悔。

路曼曼①其②修远③兮,吾将上下而求索。　　　　——《离骚》
【注释】
①曼曼:同"漫漫",路遥远的样子。
②其:代指"路"。
③修远:长远。

沧浪之水清兮,可以濯①(zhuó)吾缨②;沧浪之水浊兮,可以濯吾足。　　　　　　　　　　　　　　　　　　　——《渔父》
【注释】
①濯:洗。
②缨:帽带。

举世皆①浊我独清,众人皆醉我独醒。　　　　　　——《渔父》
【注释】
①皆:都。

第四章 诸子百家

一、儒家

诸子百家中,儒家主张用合理的礼仪制度、仁义的思想来治理天下。儒家文化影响了我们两千多年,许多文学大家也深受其影响。它的源头正是先秦时期的几位最重要的代表人物:孔子、孟子、荀子。

(一) 孔子

孔子(前551—前479年),名丘,字仲尼,春秋时期鲁国人,儒家的创始人。他主张仁者爱人,为政以德,有教无类,因材施教。被后世尊为"至圣先师""万世师表"。

孔子出身下层贵族。他从小学习礼乐,年轻时做过小吏,后收徒办学,成为知名学者。中年后曾在鲁国从政,但时间不长,以后周游列国,宣扬自己的政治主张,但不为各国采纳。孔子晚年回到家乡,主要从事教育工作,同时整理编订文化典籍。

孔子的核心思想是"仁"。他提出"仁者爱人",即要有爱心和同情心。面对当时社会的动荡,孔子在政治上推崇西周的制度,主张"为政以德",以德治国,要求统治者爱惜民力,体察民意。他反对苛政,认为统治者只有实行德政,使人民心悦诚服,社会才会稳定。

"天不生仲尼,万古如长夜。"孔子还是大教育家。他创办私学,主张"有教无类","因材施教",先后培养了三千弟子,其中有七十二贤弟子。孔子在晚年精心整理古代重要的文献资料,对传承中国古代文化经典和学术思想作出了巨大贡献。

孔子晚年修订"六经",即《诗经》《尚书》《礼记》《周易》《乐经》《春秋》。

《论语》是由孔子的弟子及再传弟子,整理记录孔子及其弟子言行的书籍。

　　下面为《论语》节选内容。

　　子曰:"学而时习①之,不亦说②乎?有朋自远方来,不亦乐乎?人不知而不愠③,不亦君子乎?"　　——《学而篇》

【注释】

①时习:按时温习。时,按时。

②说,同"悦",愉快。

③愠:生气,发怒。

【译文】

　　孔子说:"学了知识之后时常去温习,不很愉快吗?有志同道合的人从远方来,不是很快乐吗?人家不了解我,我却不恼怒,不是有才德的人吗?"

　　曾子曰:"吾日①三省②吾身。为人谋③而不忠④乎?与朋友交而不信⑤乎?传⑥不习乎?"　　——《学而篇》

【注释】

①日:每天。

②省:反省。

③为人谋:替人谋划事情。

④忠:竭尽自己的心力。

⑤信:诚信。

⑥传:这里指老师传授的知识。

【译文】

　　曾子说:"我每日从三个方面省察自己:替人谋划事情是否竭尽自己的心力了呢?同朋友交往是否诚实可信了呢?老师传授的知识是否复习了呢?"

子曰："吾十有五①而志于学，三十而立②，四十而不惑③，五十而知天命，六十而耳顺④，七十而从心所欲不逾矩。" ——《为政篇》

【注释】

①十有五：十五岁。有，通"又"。加在整数和零数之间。

②立：指能有所成就。

③惑：迷惑，疑惑。

④耳顺：能听得进不同的意见。

【译文】

孔子说："我十五岁开始有志于做学问，三十岁便小有所成，四十岁能（通达事理）不被外物所迷惑，五十岁能知道上天的意旨，六十岁能听得进不同的意见，到七十岁才做事能随心所欲，不会超过规矩。"

子曰："温故而知新，可以①为师矣。" ——《为政篇》

【注释】

①以：凭借。

【译文】

孔子说："温习学过的知识，可以获得新的理解与体会，那么就可以凭借这一点去当（别人的）老师了。"

子曰："贤哉，回①也！一箪食，一瓢饮，在陋巷，人不堪②其忧，回也不改其乐。贤哉，回也！" ——《雍也篇》

【注释】

①回：即颜回（前521—前490），字子渊。

②堪：经得起，忍受。

【译文】

孔子说："多么贤德啊，颜回！一碗饭，一瓢水，住在简陋的小巷子里，别人都不能忍受这种忧愁，颜回却不改变他（爱好学习）的乐趣。多么贤德啊，颜回！"

子曰："知之者不如好①之者，好之者不如乐②之者。"
——《雍也篇》

【注释】
①好：喜爱，爱好。
②乐：以……为快乐。

【译文】
　　孔子说："知道学习的人比不上爱好学习的人，爱好学习的人比不上以学习为乐的人。"

子曰："饭疏食饮水①，曲肱②而枕之，乐亦在其中矣。不义而富且贵，于我如浮云。"　　——《述而篇》

【注释】
①饭疏食饮水：吃粗粮，喝冷水。
②肱（gōng）：胳膊上从肩到肘的部分，这里指胳膊。

【译文】
　　孔子说："吃粗粮，喝冷水，弯着胳膊枕着它睡，乐趣也在这当中。用不正当的手段得来的财富和地位，对我来说就像天上的浮云一样。"

子曰："三人行，必有我师焉。择其善者①而从之，其不善者而改之。"　　——《述而篇》

【注释】
①善者：好的方面，优点。

【译文】
　　孔子说："三个人一起走路，其中一定有人可以做我的老师。我选择他的优点向他学习，发现他的缺点（如果自己也有）就对照着改正自己的缺点。"

子在川上①曰："逝者如斯夫，不舍昼夜。"②
——《子罕篇》

【注释】
①川上：河边。川，河流。
②逝者如斯夫，不舍昼夜：时光像河水一样流去，日夜不停。

【译文】
　　孔子在河岸上说："逝去的一切像河水一样流去，日夜不停。"

子曰："三军①可夺②帅也，匹夫不可夺志也。"
——《子罕篇》

【注释】
①三军：军队。
②夺：强行改变。

【译文】
　　孔子说："军队的主帅可以强行改变，平民百姓的志气却不可强行改变。"

子夏曰："博学而笃志①，切问而近思②，仁在其中矣。"
——《子张篇》

【注释】
①笃志：志向坚定。笃，坚守。
②切问而近思：恳切地发问求教，多思考当前的事情。

【译文】
　　子夏说："博览群书并广泛学习，而且能坚守自己的志向，恳切地提问，多思考当前的事，仁德就在其中了。"

子曰："为政以德，譬如北辰①，居其所②而众星共③之。"
——《为政篇》

【注释】
①北辰：北极星。
②所：处所，位置。
③共：通"拱"，环绕的意思。

【译文】
孔子说："（周君）以道德教化来治理政事，就会像北极星那样，自己居于一定的方位，而群星都会环绕在它的周围。"

子曰："君子周①而不比②，小人比而不周。"
——《为政篇》

【注释】
①周：亲近，相合。
②比（bì）：勾结。

【译文】
孔子说："君子合群却不勾结，小人勾结却不合群。"

子曰："君子坦荡荡①，小人长戚戚。"
——《述而篇》

【注释】
①坦荡荡：心胸宽广、开阔。

【译文】
孔子说："君子心胸开阔，神定气安。小人常常是忧惧的样子。"

（二）孟子

孟子（约前372—前289年），名轲（kē），字子舆。战国时期儒家代表人物，继承并发扬了孔子的思想，被后世尊为"亚圣"，与孔子合称为"孔孟"。孟子主张性善论，还提出"民为贵，社稷次之，君为轻"的思想。孟子及其门人著有《孟子》一书。

老①吾老，以及②人之老；幼吾幼③，以及人之幼。

——《孟子·梁惠王上》

【注释】

①老：把……当老人赡养。
②及：推己及人的意思。
③幼：小辈，子女。

富贵不能淫①，贫贱不能移②，威武不能屈③，此之谓大丈夫。

——《孟子·滕文公下》

【注释】

①淫：惑乱，放纵。
②移：改变，变化。
③屈：压服。

鱼，我所欲也；熊掌，亦①我所欲②也。二者不可得兼③，舍④鱼而取⑤熊掌者也。生，亦我所欲也；义，亦我所欲也。二者不可得兼，舍生而取义者也。

——《孟子·告子上》

【注释】

①亦：也。

②欲：喜爱。

③得兼：两种东西都得到。

④舍：舍弃。

⑤取：选取。

（三）荀子

　　荀子（约前313—前238年），名况，字卿，提倡性恶论，主张人性有恶，否认天赋的道德观念，强调后天环境和教育对人的影响，主张实行"礼治"。

　　积土成山，风雨兴焉；积水成渊，蛟龙生焉；积善成德，而神明自得，圣心备焉。故不积跬①步，无以②至千里；不积小流，无以成江海。骐骥③一跃，不能十步；驽马十驾④，功在不舍。锲⑤而舍之，朽木不折；锲而不舍，金石可镂⑥。

——《荀子·劝学》

【注释】

①跬（kuǐ）：古代的半步。

②无以：没有用来……的（办法）。

③骐（qí）骥（jì）：骏马，千里马。

④驽（nú）马十驾：劣马拉车连走十天，也能走得很远。驽马，劣马。驾，马拉车一天所走的路程叫"一驾"。

⑤锲（qiè）：用刀雕刻。

⑥镂：原指在金属上雕刻，泛指雕刻。

二、道家

道家主张道法自然、天人合一、无为而治、与世无争。代表人物为老子、庄子。

(一) 老子

老子，姓李、名耳，字聃，春秋后期楚国人，生卒年不详，道家学派创始人，做过周朝的史官，管理王室的典籍。他学识渊博，据说孔子曾向他请教过很多问题。他的学说集中体现在《道德经》一书中。

道可道，非常道；名可名，非常名。无名，天地之始；有名，万物之母。故常无欲以观其妙，常有欲以观其徼。此两者，同出而异名，同谓之玄，玄之又玄，众妙之门。

——《道德经》

上善若水。水善利万物而不争，处众人之所恶，故几于道。居善地，心善渊，与善仁，言善信，政善治，事善能，动善时。夫唯不争，故无尤。

——《道德经·第八章》

道生一，一生二，二生三，三生万物。万物负阴而抱阳，冲气以为和。

——《道德经·第四十二章》

(二)庄子

庄子，姓庄，名周，约生于公元前369年，与老子并称"老庄"。庄子曾隐居南华山，葬于南华山，唐玄宗天宝初，被诏封为南华真人，其书《庄子》被奉为《南华真经》。

北冥有鱼，其名为鲲。鲲之大，不知其几千里也。化而为鸟，其名为鹏。鹏之背，不知其几千里也。怒而飞，其翼若垂天之云。是鸟也，海运则将徙于南冥。南冥者，天池也。

——《庄子·逍遥游》

昔者庄周梦为胡蝶，栩栩然胡蝶也。自喻适志与，不知周也。俄然觉，则蘧蘧然周也。不知周之梦为胡蝶与，胡蝶之梦为周与？周与胡蝶，则必有分矣。此之谓物化。

——《庄子·齐物论》

三、其他思想学派

(一) 墨家

墨子是墨家的创始人，生于约公元前476年，他主张"兼爱""非攻"，要求人们互相关爱，反对各国相互攻伐兼并、残害生命。他还提出要选贤能的人治理国家，并批判贵族的奢侈生活，提倡节俭。

(二) 法家

法家主张君主治国要靠法令、权术和威势，以使民慑服；强调以法治国，树立君主的权威，建立中央集权专制统治。代表人物为商鞅和韩非。

（三）纵横家

纵横即合纵连横。他们事无定主，所做的事情多从国家政治需要出发。合纵派的主要代表人物是苏秦，连横派的主要代表人物是张仪。

（四）兵家

兵家是中国古代对战略家与军事家的通称。兵家的代表人物为孙武和孙膑，重要著作有《孙子兵法》《孙膑兵法》等。

（五）杂家

杂家是战国末至汉初的哲学学派。通过采集各家言论，贯彻其政治意图和学术主张。杂家的出现是统一的封建制国家建立过程中思想文化融合的结果。

杂家著作以战国时期成书的《吕氏春秋》和西汉时期著的《淮南子》为代表。

《吕氏春秋》是在秦国丞相吕不韦主持下，集合门客编撰而成的，是中国历史上第一部有组织按计划编写的文集。该书以道家为宗，取各家之长而弃其短，形成了一套完整的国家治理学说。

春秋战国时期，各家学派的代表人物聚众讲学，研讨学术，著书立说。他们提出各种政治主张和治国方略，希望用自己的学说解决社会问题。各学派在思想上、政治上观点不同，学派之间展开了激烈的辩论，互相抨击，同时又相互影响，取长补短。这一思想文化繁荣局面，历史上称为"百家争鸣"。

第五章 楚声短歌

垓下歌

项 羽

力拔山兮①气盖世,时不利兮骓不逝。

骓不逝兮可奈何②,虞兮虞兮奈若③何!

【注释】
①兮:语气助词,相当于现代汉语的"啊"或"呀"。
②奈何:怎样,怎么办。
③若:你。

大风歌①

刘邦

大风起兮云飞扬,

威②加③海内④兮归故乡,

安得猛士兮守四方!

【注释】
①大风歌:这是汉高祖刘邦(前256—前195年)在击破英布军以后,回长安时,途经故乡(沛县),邀集父老乡亲饮酒时即兴创作的诗歌。
②威:威望,权威。
③加:施加。
④海内:四海之内,即"天下"。我国古人认为天下是一片大陆,四周大海环绕,海外则荒不可知。

第六章 汉乐府

十五从军征

汉乐府

十五从军征,八十始①得归②。

道逢③乡里人:"家中有阿谁?"

"遥看是君家④,松柏⑤冢⑥累累。"

兔从狗窦⑦入,雉⑧从梁上飞。

中庭⑨生旅谷⑩,井上生旅葵⑪。

舂⑫谷持作饭,采葵持⑬作羹。

羹⑭饭一时熟,不知饴⑮阿谁。

出门东向看,泪落沾我衣。

【注释】

①始:才,方才。

②归:回家。

③道逢:在路上遇到。道,路途上。

④遥看:远远地望去。君:你,表示尊敬的称呼。

⑤松柏(bǎi):松树、柏树。

⑥冢(zhǒng):坟墓。

⑦狗窦(gǒu dòu):供给狗出入的墙洞。窦,洞,孔穴。

⑧雉(zhì):野鸡。

⑨中庭:屋前的院子。

⑩旅谷:野生的谷子。

⑪旅葵(kuí):即野葵。

⑫舂(chōng):用杵臼捣去谷类的壳。

⑬持:拿着。

⑭羹(gēng):就是饭菜的意思。

⑮饴(yí):通"贻",送,赠送。

第七章 魏晋文学

一、诸葛亮

诸葛亮（181—234年），复姓诸葛，名亮，字孔明，隐居于南阳隆中，号卧龙先生。

作为一代贤臣，诸葛亮最大的功绩是辅佐刘备开创蜀国基业。

建安十三年（208年），诸葛亮出使东吴，舌战群儒，最后促使孙刘联合，共抗曹操，并经赤壁之战奠定三国鼎立局面，而后为蜀汉运筹策划，东征西讨，开疆拓土，富国强兵，直至病逝五丈原军旅之中。

他有济世爱民之心，经天纬地之才，"智绝千古"，特别是隆中决策，高瞻远瞩，不出茅庐而知天下三分，可谓"一声长啸安天下"，被称为"古今第一贤相"。

诫子书[①]

诸葛亮

夫[②]君子之行，静以修身[③]，俭以养德。非澹泊无以明志，非宁静无以致远。夫学须静也，才须学也。非学无以广[④]才，非志无以成学[⑤]。淫慢则不能励精[⑥]，险躁则不能治性。年与时驰，意与日去，遂成枯落，多不接世，悲守穷庐，将复何及！

【注释】

①诫：警告，劝诫。书：即书信，是一种应用性文体。
②夫：如"夫""盖"。起引出下文的作用。古代称之为"发语词"。
③以：用来。修身：修养身心。
④广：扩展。
⑤成学：成就。
⑥励精：振奋精神。

与诸葛亮有关的典故：

三顾茅庐　隆中对策　草船借箭　舌战群儒　七擒孟获
空城计　挥泪斩马谡

诸葛亮的代表作：

《前出师表》

《后出师表》

《诫子书》

称颂诸葛亮的诗句：

出师一表真名世，千载谁堪伯仲间。　　——陆游《书愤》
三顾频烦天下计，两朝开济老臣心。　　——杜甫《蜀相》
出师未捷身先死，长使英雄泪满襟。　　——杜甫《蜀相》
功盖三分国，名成八阵图。　　——杜甫《八阵图》

二、三曹

1. 曹操

魏武帝曹操（155—220年），本名吉利，字孟德，小名阿瞒，曹魏政权的奠基人。曹操的诗歌，今存20多篇，全部是乐府诗体。与时事有关联的作品有《蒿里行》《观沧海》《龟虽寿》等。以表述理想为主的诗歌有《短歌行》等。还有一类是游仙诗。

2. 曹丕

曹丕（187—226年），字子桓，是曹操次子，三国时期著名的政治家、文学家，于公元220年废汉献帝自立，以魏代汉，结束了汉朝400多年的统治。由于文学方面的成就而与其父曹操、其弟曹植并称为"三曹"。现存诗约四十首，多为对人生感慨的抒发和对人生哲理的思考。曹丕著有《典论》，其中的《论文》是中国文学史上第一部文学批评专论作品。

3. 曹植

曹植（192—232年），字子建，曹植自幼颖慧，年十岁余，便诵读诗、文、辞赋数十万言，深得曹操的宠爱。曹植作为建安文学的集大成者，对于后世的影响是深远的。在两晋南北朝时期，他被推尊到文章典范的地位。南朝宋文学家谢灵运有"天下才共有一石，曹子建独得八斗"的评价。代表作有《七步诗》《白马篇》《洛神赋》等。

观沧海

　　曹操

　　东临碣石，以观沧海。

　　水何澹澹，山岛竦峙。

　　树木丛生，百草丰茂。

　　秋风萧瑟，洪波涌起。

　　日月之行，若出其中。

　　星汉灿烂，若出其里。

　　幸甚至哉，歌以咏志。

七步诗

　　曹植

　　煮豆持作羹，漉菽以为汁。

　　萁在釜下燃，豆在釜中泣。

　　本自同根生，相煎何太急？

白马篇(节选)

　　曹植

　　名编壮士籍，不得中顾私。

　　捐躯赴国难，视死忽如归！

三、竹林七贤

竹林七贤是指魏末晋初的七位名士：阮籍、嵇康、山涛、刘伶、阮咸、向秀、王戎。七人常集于竹林之中，肆意酣畅，故世谓竹林七贤，其中以阮籍和嵇康二人知名度最高。

四、王羲之

王羲之，字逸少，东晋时期书法家，有"书圣"之称。代表作《兰亭集序》被誉为"天下第一行书"。在书法史上，他与其子王献之合称为"二王"。有入木三分、竹扇题字、写经换鹅、巧补春联、不避之字的典故。

五、陶渊明

陶渊明，字元亮，生卒约365—427年，晚年更名潜，字渊明，自号"五柳先生"，私谥"靖节"，世称靖节先生，浔阳柴桑人。东晋末南朝宋初期伟大的诗人、辞赋家。曾任江州祭酒、建威参军、镇军参军、彭泽县令等职，最末一次出仕为彭泽县令，八十多天后便弃职而去，不为五斗米折腰，从此归隐田园。他是中国第一位田园诗人，被称为"古今隐逸诗人之宗"，有《陶渊明集》。

陶渊明爱琴书："少学琴书，偶爱闲静，开卷有得，便欣然忘食。见树木交荫，时鸟变声，亦复欢然有喜。常言五六月中，北窗下卧，遇凉风暂至，自谓是羲皇上人。意浅识罕，谓斯言可保。"（《与子俨等疏》）陶渊明有一张不加装饰的琴，这张琴没有琴弦，每逢饮酒聚会的时候，他便抚弄一番，来表达其中意趣。

归园田居（其一）

   陶渊明

少无适俗韵，性本爱丘山。

误落尘网中，一去三十年。

羁鸟恋旧林，池鱼思故渊。

开荒南野际，守拙归园田。

方宅十余亩，草屋八九间。

榆柳荫后檐，桃李罗堂前。

暧暧远人村，依依墟里烟。

狗吠深巷中，鸡鸣桑树颠。

户庭无尘杂，虚室有余闲。

久在樊笼里，复得返自然。

归园田居（其三）

   陶渊明

种豆南山下，草盛豆苗稀。

晨兴理荒秽，带月荷锄归。

道狭草木长，夕露沾我衣。

衣沾不足惜，但使愿无违。

饮酒（其五）

陶渊明

结庐在人境，而无车马喧。
问君何能尔？心远地自偏。
采菊东篱下，悠然见南山。
山气日夕佳，飞鸟相与还。
此中有真意，欲辨已忘言。

桃花源记

陶渊明

晋太元中，武陵人捕鱼为业①。缘溪行②，忘路之远近。忽逢桃花林，夹岸数百步，中无杂树，芳草鲜美，落英③缤纷，渔人甚异之④，复⑤前行，欲穷其林⑥。

【注释】
①为业：把……作为职业，以……为生。为，作为。
②缘：顺着、沿着。行：行走，这里指划船。
③落英：落花。一说，初开的花。
④异之：以之为异，即对此感到诧异。异，意动用法，形容词用作动词，以……为异，对……感到诧异，认为……是奇异的。之，代词，指见到的景象。
⑤复：又，再。
⑥欲：想要。穷：尽，形容词用作动词，这里是"走到……的尽头"的意思。

林尽水源，便得一山，山有小口，仿佛若有光。便①舍船，从口入。初极狭，才通人。复行数十步，豁然开朗②。土地平旷，屋舍俨然③，有良田、美池、桑竹之属。阡陌交通④，鸡犬相闻⑤。其中往来种作，男女衣着，悉⑥如外人⑦。黄发垂髫⑧，并⑨怡然自乐。

　　见渔人，乃大惊，问所从来。具答之。便要还家，设酒杀鸡作食。村中闻有此人，咸来问讯。自云先世避秦时乱，率妻子邑人来此绝境，不复出焉，遂与外人间隔。问今是何世，乃不知有汉，无论魏晋。此人一一为具言所闻，皆叹惋。余人各复延至其家，皆出酒食。停数日，辞去。此中人语云："不足为外人道也。"

【注释】
①便：于是，就。
②豁然开朗：形容由狭窄幽暗突然变得宽阔明亮的样子。然，……的样子。豁然，形容开阔敞亮的样子。开朗，开阔明亮。
③俨（yǎn）然：整齐的样子。
④阡陌交通：田间小路交错相通。阡陌，田间小路，南北走向的叫阡，东西走向的叫陌。交通，交错相通。
⑤鸡犬相闻：（村落间）能相互听见鸡鸣狗叫的声音。相闻，可以互相听到。
⑥悉：全，都。
⑦外人：桃花源以外的世人，下同。
⑧黄发垂髫（tiáo）：老人和小孩。黄发，旧说是长寿的象征，用以指老人。垂髫，垂下来的头发，用来指小孩子。髫，小孩垂下的头发。
⑨并：都。

既出，得其船，便扶向路，处处志之。及郡下，诣太守，说如此。太守即遣人随其往，寻向所志，遂迷，不复得路。

南阳刘子骥，高尚士也，闻之，欣然规往。未果，寻病终，后遂无问津者。

【译文】

东晋太元年间，武陵郡有个人以打渔为生。他顺着溪水行船，忘记了路程的远近。忽然遇到一片桃花林，生长在溪水的两岸，长达几百步，中间没有别的树，花草鲜嫩美丽，落花纷纷落在地上。渔人对此感到十分诧异，继续往前行船，想走到林子的尽头。

桃林的尽头就是溪水的发源地，于是便出现一座山，山上有个小洞口，洞里仿佛有光亮。于是他下了船，从洞口进去了。起初洞口很狭窄，仅容一人通过。又走了几十步，突然变得开阔明亮了。（呈现在他眼前的是）一片平坦宽广的土地，一排排整齐的房舍，还有肥沃的田地、美丽的池沼、桑树竹林之类的。田间小路交错相通，鸡鸣狗叫到处可以听到。人们在田野里来来往往耕种劳作，男女的穿戴，跟桃花源以外的世人完全一样。老人和小孩们个个都安适愉快，自得其乐。

村里的人看到渔人，感到非常惊讶，问他是从哪儿来的。渔人详细地做了回答。村里有人邀请他到自己家里去（做客），设酒杀鸡做饭来款待他。村里的人听说来了这么一个人，都来打听消息。他们自己说他们的祖先为了躲避秦时的战乱，领着妻子儿女和乡邻来到这个与人世隔绝的地方，不再出去，于是跟外面的人断绝了来往。他们问渔人现在是什么朝代，他们竟然不知道有过汉朝，更不必说魏晋两朝了。渔人把自己知道的事一一详尽地告诉了他们，听完以后，他们都感叹惋惜。其余的人各自又把渔人请到自己家中，都拿出酒饭来款待他。渔人停留了几天，向村里人告辞离开。村里的人对他说:"我们这个地方不值得对外面的人说啊。"

渔人出来以后,找到了他的船,就顺着旧路回去,处处都做了标记。到了郡城,拜见太守,报告了这番经历。太守立即派人跟着他去寻访,寻找以前所做的标记,竟迷失了方向,再也找不到通往桃花源的路了。

南阳人刘子骥,是个志向高洁的隐士,听到这件事后,高兴地计划前往。但没有实现,不久因病去世了。此后就再也没有打探桃花源路的人了。

五柳先生传

陶渊明

先生不知何许人也,亦不详其姓字,宅边有五柳树,因以为号焉。闲静少言,不慕荣利。好读书,不求甚解,每有会意,便欣然忘食。性嗜酒,家贫,不能常得。亲旧知其如此,或置酒而招之。造饮辄尽,期在必醉。既醉而退,曾不吝情去留。环堵萧然,不蔽风日;短褐穿结,箪瓢屡空,晏如也。常著文章自娱,颇示己志。忘怀得失,以此自终。

赞曰:"黔娄之妻有言:'不戚戚于贫贱,不汲汲于富贵。'其言兹若人之俦乎?衔觞赋诗,以乐其志,无怀氏之民欤?葛天氏之民欤?"

【译文】

不知道先生是什么地方的人,也不清楚他的姓字,因为住宅旁边有五棵柳树,就把这个作为号了。他清静寡欲,很少说话,也不贪慕荣华利禄。他喜欢读书,不在一字一句的解释上过分深究,每当对书中的内容有所领会的时候，就会高兴得连饭也忘了吃。他生性喜爱喝酒，家里穷，经常没有酒喝。亲戚朋友知道他这种境况，有时摆了酒席叫他去。他到后总把酒喝完，以求每次必醉。喝醉了就回家，从来不把顾惜挽留之情放在心上。简陋的居室空空荡荡的，遮挡不住严寒和烈日；粗布短衣上打满了补丁，盛饭的篮子和饮水的水瓢经常是空的，可是他还是安然自得。常常写文章来自娱自乐，也稍微透露出他的志趣。他从不把得失放在心上，从此过完自己的一生。

　　赞语说："黔娄的妻子曾经说过：'不为贫贱而忧愁，不热衷于发财做官。'她的话说的是五柳先生这一类人吧？一边喝酒一边作诗，以此来愉悦自己的情志。不知道他是无怀氏时代的人呢，还是葛天氏时代的人呢？"

第八章 唐诗

一、初唐诗篇

初唐,在文学上是指唐代开国(618年)至唐玄宗先天元年(712年),历时94年,是唐朝的建立与初步巩固时期。

初唐时,唐太宗时期国力逐渐增强,击败强敌东突厥,唐太宗受尊"天可汗",成就贞观之治。唐高宗时期击败西突厥、高句丽等强敌,出现了永徽之治。唐高宗去世后,武后于690年建国周,即武周,女主政治达到高峰。直到705年唐中宗因神龙革命而复辟,唐朝得以恢复。女主政治直到唐玄宗继位后才完全结束。

初唐时文学家王勃、杨炯、卢照邻、骆宾王被称为初唐四杰,影响较大。

1. 王勃——诗杰华章

王勃(649—676年),字子安,世称"诗杰",唐朝文学家,儒客大家。王勃聪敏好学,六岁能文,下笔流畅,被赞为"神童"。十六岁时,进士及第,写作《檄英王鸡》,坐罪免官。游览巴蜀山川景物,创作了大量诗文。返回长安后,授虢州参军,后因私杀官奴,二次被贬。上元三年(676年)八月,王勃自交趾探望父亲返回时,渡海溺水,惊悸而死。著有《王子安集》等。

送杜少府之任蜀州

王勃

城阙辅三秦①,风烟望五津②。

与君③离别意,同是宦游④人。

海内⑤存知己,天涯若比邻⑥。

无为⑦在歧路⑧,儿女共沾巾⑨。

【注释】

①城阙(què)辅三秦:城阙,即城楼,指唐代京师长安城。辅,护卫。三秦,指长安城附近的关中之地,意思是京师长安以三秦作保护。

②风烟望五津:"风烟"两字名词用作状语,表示行为的处所。五津,指岷江的五个渡口:白华津、万里津、江首津、涉头津、江南津。这里泛指蜀川。

③君:对人的尊称。

④宦(huàn)游:出外做官。

⑤海内:四海之内,国境之内。

⑥天涯:天边,这里比喻极远的地方。比邻:近邻。

⑦无为:无须,不必。

⑧歧(qí)路:岔路。这里指分离的地方。

⑨沾巾:泪水沾湿手巾。这句诗意思是像小儿女那般挥泪告别。

2.陈子昂——风骨慨然

陈子昂，字伯玉，世称"诗骨"。

陈子昂青少年时轻财好施，慷慨任侠，文明元年（684年）举进士，以上书论政得到女皇武则天重视，授麟台正字。后升右拾遗，直言敢谏，曾因"逆党"反对武后而被株连下狱。曾两度从军边塞，对边防事务颇有远见。圣历元年（698年），因父老解官回乡，不久父死。陈子昂居丧期间，权臣武三思指使射洪县令罗织罪名，加以迫害，最终冤死狱中。

陈子昂存诗共一百多首，其诗风骨峥嵘，寓意深远，苍劲有力。他指出了"风雅兴寄"和"汉魏风骨"的传承。"兴寄"和"风骨"都是关系着诗歌生命的首要问题。"兴寄"的实质是要求诗歌发扬为现实而作的传统。"风骨"的实质是要求诗歌有高尚而充沛的思想感情，有刚健充实的现实内容。

登幽州台①歌

陈子昂

前②不见古人，后不见来者。

念③天地之悠悠④，独怆然⑤而涕⑥下。

【注释】

①幽州台：黄金台，又称蓟（jì）北楼，燕昭王为招纳天下贤士而建。
②前：过去。
③念：想到。
④悠悠：辽阔，遥远。
⑤怆（chuàng）然：悲伤凄恻的样子。
⑥涕：眼泪。

3.张若虚——孤篇压全唐

　　他的诗仅存两首,收录于《全唐诗》中,其中《春江花月夜》是一篇脍炙人口的名作。它沿用乐府旧题,抒发真挚动人的情绪及富有哲理意味的人生感慨,语言清新优美,韵律宛转悠扬,给人以澄澈空明、清丽自然的感觉,被誉为"孤篇压全唐"。

春江花月夜

张若虚

春江潮水连海平,海上明月共潮生。
滟滟①随波千万里,何处春江无月明!
江流宛转绕芳甸②,月照花林皆似霰③;
空里流霜④不觉飞,汀⑤上白沙看不见。
江天一色无纤尘⑥,皎皎空中孤月轮⑦。
江畔何人初见月?江月何年初照人?
人生代代无穷已⑧,江月年年望相似⑨。
不知江月待何人,但见⑩长江送流水。
白云一片去悠悠⑪,青枫浦上不胜愁。
谁家今夜扁舟子?何处相思明月楼?
可怜楼上月徘徊,应照离人妆镜台。
玉户帘中卷不去,捣衣砧上拂还来。
此时相望不相闻,愿逐月华流照君。
鸿雁长飞光不度,鱼龙潜跃水成文。

昨夜闲潭梦落花,可怜春半不还家。

江水流春去欲尽,江潭落月复西斜。

斜月沉沉藏海雾,碣石潇湘无限路。

不知乘月几人归,落月摇情满江树。

【注释】

①滟(yàn)滟:波光荡漾的样子。

②芳甸(diàn):芳草丰茂的原野。甸,郊外之地。

③霰(xiàn):天空中降落的白色不透明的小冰粒。形容月光下春花晶莹洁白。

④流霜:飞霜,古人以为霜和雪一样,是从空中落下来的,所以叫流霜。在这里比喻月光皎洁,月色朦胧、流荡,所以不觉得有霜霰飞扬。

⑤汀(tīng):水边平地,小洲。

⑥纤尘:微细的灰尘。

⑦月轮:指月亮,因为月圆时像车轮,所以称为月轮。

⑧穷已:穷尽。

⑨江月年年望相似:另一种版本为"江月年年只相似"。

⑩但见:只见、仅见。

⑪悠悠:远行的样子。

二、盛唐诗篇

文学上的盛唐指的是从开元元年（713年）到天宝十四年（755年）。

盛唐时期，中国物产丰盈，国泰民安，边疆稳固，物华天宝，一派盛世景象。那是唐朝最美好的时光。唐朝著名诗人韦应物在《登高望洛城作》写道："雄都定鼎地，势据万国尊。"这两句描述了大唐盛世万国来朝的景象。

1. 李白——浪漫飘逸

李白（701—762年），字太白，号青莲居士，又号"谪仙人"，被誉为"诗仙"，与被誉为"诗圣"的杜甫并称"李杜"。

李白存世的诗文达千余篇，他曾踏遍万水千山，写下了大量赞美名山大川的诗篇。酒是李白诗歌灵感的来源，杜甫曾说："李白斗酒诗百篇。"李白无酒不欢，有时与友人开怀畅饮，有时独自一人在月光下自斟自饮，陶醉其中。李白亦自诩为"酒中仙"。的确，他因诗而成仙，也因酒而成仙。

李白不仅是"诗仙""酒仙"，还是一个"剑仙"。传说李白的剑术相当高明，仅次于当时的"剑圣"裴旻。唐朝时有"三绝"，分别为李白之诗、裴旻之剑、张旭之草书。

李白诗词中出现最多的便是"月"字。"明月出天山，苍茫云海间""小时不识月，呼作白盘""我寄愁心与明月，随君直到夜郎西""今人不见古时月，今月曾经照古人"，咏月多达三百余处，连李白的长子伯禽，小名都叫"明月奴"，足见诗人平生对于月亮的钟情，甚至死后还留下采石矶乘醉入江捉月的传说。在他潦倒寂寞的一生中，最可引为知己者，恐怕就是月亮。他说"屈平辞赋悬日月"，其实，他的诗也正如同月亮一样纯洁明亮，垂辉千古。

诗歌中对李白的评价主要有：

笔落惊风雨，诗成泣鬼神。　　——杜甫《寄李十二白二十韵》

白也诗无敌，飘然思不群。　　——杜甫《春日忆李白》

李白斗酒诗百篇，长安市上酒家眠。

天子呼来不上船，自称臣是酒中仙。

——杜甫《饮中八仙歌》

长安一相见，呼我谪仙人。　　——李白《对酒忆贺监二首》

酒入豪肠，七分酿成了月光，余下的三分啸成剑气，绣口一吐就半个盛唐。　　——余光中《寻李白》

侠客行

李白

赵客缦胡缨①，吴钩霜雪明②。

银鞍照白马，飒沓③如流星。

十步杀一人，千里不留行。

事了拂衣去，深藏身与名。

【注释】

①赵客：燕赵之地的侠客。自古燕赵多慷慨悲歌之士。《庄子·说剑》："昔赵文王喜剑，剑士夹门而客三千余人。"缦胡缨：即少数民族做工粗糙的没有花纹的带子。这句写侠客的冠带。缦，没有花纹。胡，古时将北方少数民族通称为胡。缨，系冠帽的带子。

②吴钩：宝刀名。霜雪明：谓宝刀的锋刃像霜雪一样明亮。

③飒沓：迅疾的样子。

独坐敬亭山

李白

众鸟高飞尽①,孤云独去闲。

相看两不厌②,只有敬亭山。

【注释】

①尽:没有了。

②厌:厌弃,厌烦。

月下独酌·其一

李白

花间一壶酒,独酌无相亲。

举杯邀明月,对影成三人①。

月既不解饮,影徒随我身。

暂伴月将②影,行乐须及春③。

我歌月徘徊④,我舞影零乱⑤。

醒时同交欢,醉后各分散。

永结无情⑥游,相期邈⑦云汉⑧。

【注释】

①成三人:明月和我以及我的影子恰好合成三人。

②将:和。

③及春:趁着青春年华。

④月徘徊:明月随我来回移动。

⑤影零乱:因起舞而身影纷乱。

⑥无情:忘却世情。

⑦邈:遥远。

⑧云汉:银河。

将进酒①

李白

君不见黄河之水天上来②，奔流到海不复回。

君不见高堂③明镜悲白发，朝如青丝④暮成雪。

人生得意须尽欢，莫使金樽空对月。

天生我材必有用，千金散尽还复来。

烹羊宰牛且为乐，会须一饮三百杯。

岑夫子，丹丘生⑤，

将进酒，杯莫停。

与君歌一曲，请君为我倾耳听。

钟鼓馔玉⑥不足贵，但愿长醉不复醒。

古来圣贤皆寂寞，惟有饮者留其名。

陈王⑦昔时宴平乐⑧，斗酒十千恣欢谑。

主人何为言少钱，径须沽取对君酌⑨。

五花马⑩，千金裘，

呼儿将⑪出换美酒，与尔同销万古愁。

【注释】

①将（qiāng）进酒：原是汉乐府的曲调，意思为"劝酒歌"。

②黄河之水天上来：黄河发源于青藏高原巴颜喀拉山北麓，地势极高，因此说"天上来"。

③高堂：父母。这句话的意思是说年迈的父母在明镜中看到了自己的白发而悲伤。

④青丝：黑发。

⑤岑（cén）夫子：岑勋，"夫子"是尊称。丹丘生：元丹丘，"生"是对读书人的称呼。

⑥钟鼓：富贵人家宴会中奏乐使用的乐器。馔（zhuàn）玉：形容像玉一样精美的食物。
⑦陈王：曹植，封地在陈，死后谥"思"，后人称为陈王或陈思王。
⑧平乐（lè）：平乐观，宫殿名，在洛阳，是权贵们的娱乐场所。
⑨径须：干脆，只管。沽（gū）：买或卖，这里指买。
⑩五花马：代指名马良驹。一说毛色呈五色花纹的马，一说马的鬃毛修剪成五个花瓣形状的马。
⑪将（jiāng）出：拿出。将，拿，持。

山中与幽人对酌

李白

两人对酌①山花开，一杯一杯复一杯。
我醉欲眠卿②且去，明朝有意抱琴来。

【注释】
①对酌：对饮。
②卿：您，对人表示尊敬、亲热的称呼。

2. 杜甫——沉郁顿挫

杜甫（712—770年），字子美，号少陵野老。世称诗圣，他的诗被称为"诗史"，诗作风格沉郁顿挫。他生长在"奉儒守官"并有文学传统的家庭中。杜甫早慧，七岁便开始学诗，他"读书破万卷"（《奉赠韦左丞丈二十二韵》）、"群书万卷常暗诵"（《可叹》）。十四五岁"出游翰墨场"（《壮游》）时，他的诗文已经引起洛阳名士的重视。二十岁后，杜甫的生活可分为四个时期：读书和漫游时期（三十五岁以前）、困居长安时期（三十五至四十四岁）、陷贼和为官时期（四十五至四十八岁）和西南漂泊时期（四十八至五十八岁）。

安史之乱爆发后，杜甫独自去投奔肃宗，中途为安史叛军俘获，被押到长安。他看到了混乱的长安，听到官军一再败退的消息，后来他用诗的形式把他的见闻记录下来，成为不朽的作品，即"三吏""三别"。"三吏"为《石壕吏》《新安吏》《潼关吏》，"三别"为《新婚别》《无家别》《垂老别》。

随着九节度官军在相州大败和关辅饥荒，杜甫弃官，携家人随流民逃难到了成都，后再度漂泊，病死在湘江上。这时期，其作品有《春夜喜雨》《茅屋为秋风所破歌》《蜀相》《闻官军收河南河北》《登高》《秋兴》等大量名作。

大历五年（770年）冬，杜甫贫病交困，飘零在长沙与岳阳之间湘江的一叶扁舟上，他仍以国家为念。除了摇舟的橹夫和一盏只能发出一点残光的萤灯与他做伴之外，仅剩下凄怆肃立的青山和瑟瑟入骨的寒风，几天后，杜甫便溘然长逝了。

杜甫生活在唐王朝由盛到衰的转折时期，经历三朝。他空有"致君尧舜上"的远大抱负，却始终未得到重用，战乱把他卷入颠沛流离中，因此，他能更深刻地体察到当时社会的种种矛盾和弊端，体验到底层人民生活的艰辛和困苦，并用诗歌把这一切反映出来。

　　杜甫用他的诗，记录了安史之乱前后的许多重要事件，描写了百姓在战争中承受的苦难，以深广生动、血肉饱满的形象，展现了战乱中整个社会生活的广阔画面。沉郁顿挫的诗句表达了他深沉而伟大的忧国忧民的感情。

望岳

杜甫

岱宗[1]夫[2]如何？齐鲁[3]青未了。

造化[4]钟[5]神秀[6]，阴阳[7]割[8]昏晓[9]。

荡胸[10]生曾[11]云，决眦[12]入归鸟。

会当凌绝顶[13]，一览众山小。

【注释】

[1]岱（dài）宗：泰山亦名岱山或岱岳，五岳之首，在今山东省泰安市城北。

[2]夫（fú）：语气词，强调疑问语气。

[3]齐鲁：原是春秋战国时代的两个诸侯国名，在今山东境内，后用齐鲁代指山东地区。

[4]造化：大自然。

[5]钟：聚集。

[6]神秀：天地之灵气，神奇秀美。

[7]阴阳：对于山来说，阴指山的北面，阳指山的南面。这里指泰山的南北。

[8]割：分。夸张的说法。

[9]昏晓：黄昏和早晨。极言泰山之高，山南山北因之判若清晓与黄昏，明暗迥然不同。

⑩荡胸：心胸摇荡。

⑪曾：同"层"，重叠。

⑫决眦（zì）：眼角（几乎）要裂开。这是由于极力睁大眼睛远望归鸟入山所致。决，裂开。眦，眼角。

⑬凌绝：顶登上最高峰。凌，登上。

春望

杜甫

国①破山河在，城②春草木深③。

感时④花溅泪，恨别⑤鸟惊心。

烽火⑥连三月，家书抵⑦万金。

白头搔⑧更短，浑⑨欲⑩不胜⑪簪⑫。

【注释】

①国：国都，指长安（今陕西西安）。

②城：长安城。

③草木深：指人烟稀少。

④感时：为国家的时局而感伤。

⑤恨别：怅恨离别。

⑥烽火：古时边防报警的烟火，这里指安史之乱的战火。

⑦抵：抵得上，相当。

⑧搔（sāo）：用手指轻轻地抓。

⑨浑：简直。

⑩欲：将，要，就要。

⑪不胜：受不住，不能。

⑫簪（zān）：一种束发的首饰。古代男子蓄长发，成年后束发于头顶，用簪子横插住，以免散开。

春夜喜雨

杜甫

好雨知时节①，当春乃②发生③。

随风潜④入夜，润物细无声。

野径⑤云俱黑，江船火独明。

晓看红湿处⑥，花重锦官城⑦。

【注释】

①知：明白，知道。说雨知时节，是一种拟人化的写法。

②乃：就。

③发生：萌发生长。

④潜：暗暗地，悄悄地。这里指春雨在夜里悄悄地随风而至。

⑤野径：乡间的小路。

⑥红湿处：雨水湿润的花丛。

⑦花重（zhòng）锦官城：花重，花因为饱含雨水而显得沉重。锦官城，故址在今成都市南，亦称锦城。三国蜀汉时管理织锦之官驻此，故名。后人用作成都的别称。此句是写露水盈花的美景。

登高

杜甫

风急天高猿啸哀，渚①清沙白鸟飞回②。

无边落木③萧萧④下，不尽长江滚滚来。

万里⑤悲秋常作客，百年⑥多病独登台。

艰难⑦苦恨⑧繁霜鬓⑨，潦倒⑩新停⑪浊酒杯。

【注释】

①渚：水中的小块陆地。

②鸟飞回：鸟在急风中飞舞盘旋。

③落木：秋天飘落的树叶。

④萧萧：草木摇落的声音。

⑤万里：远离故乡。

⑥百年：这里借指晚年。

⑦艰难：兼指国运和自身命运。

⑧苦恨：极其遗憾。苦，极。

⑨繁霜鬓：像厚重白霜似的鬓发。

⑩潦倒：衰颓，失意。

⑪新停：刚刚停止。

八阵图①

杜甫

功盖三分国②,名成八阵图。

江流石不转③,遗恨失吞吴④。

【注释】

①八阵图:由八种阵势组成的图形,用来操练军队或作战。
②三分国:三国时魏、蜀、吴三国。
③石不转:涨水时,八阵图的石块仍然不动。
④失吞吴:是吞吴失策的意思。

蜀相①

杜甫

丞相祠堂②何处寻?锦官城外柏森森③。

映阶碧草自春色,隔叶黄鹂空④好音。

三顾⑤频烦⑥天下计,两朝开济⑦老臣心。

出师未捷身先死,长使英雄泪满襟!

【注释】

①蜀相:三国时蜀汉丞相诸葛亮(孔明)。
②丞相祠堂:诸葛武侯祠,在今成都,晋李雄始建。
③森森:树木茂盛繁密的样子。
④空:白白地,徒然,只是。
⑤三顾:刘备三顾茅庐。顾,拜访,探望。
⑥频烦:频繁叨扰。频,频繁,连续多次。烦,烦扰。
⑦两朝开济:诸葛亮辅助刘备开创帝业,后又辅佐刘禅。开济,开创大业,匡济危时。济,扶助、救济。

江南逢李龟年①

杜甫

岐王②宅里寻常③见,崔九④堂前几度闻。

正是江南⑤好风景,落花时节⑥又逢君⑦。

【注释】

①李龟年：唐朝开元天宝年间的著名乐师,擅长唱歌。因为受到唐玄宗的宠幸而红极一时。安史之乱后,李龟年流落江南,卖艺为生。
②岐王：唐玄宗李隆基的弟弟,名叫李范,以好学爱才著称,雅善音律。
③寻常：经常。
④崔九：崔涤,在兄弟中排行第九,中书令崔湜的弟弟。玄宗时,曾任殿中监,出入禁中,得玄宗宠幸。崔姓是当时的大姓,以此表明李龟年原来受赏识。
⑤江南：这里指今湖南省一带。
⑥落花时节：暮春,通常指阴历三月。落花的寓意很多,人衰老飘零,社会的凋敝丧乱都在其中。
⑦君：这里指李龟年。

茅屋为秋风所破歌

杜甫

八月秋高风怒号①,卷我屋上三重茅②。茅飞渡江洒江郊,高者挂罥长③林梢,下者飘转沉塘坳。

南村群童欺我老无力,忍能对面为盗贼④。公然抱茅入竹去,唇焦口燥呼不得,归来倚杖自叹息。

俄顷⑤风定云墨色,秋天漠漠向昏黑⑥。布衾⑦多年冷似铁,娇儿恶卧踏里裂。床头屋漏无干处,雨脚如麻未断绝。自经丧乱⑧少睡眠,长夜沾湿何由彻⑨!

安得广厦千万间⑩,大庇天下寒士俱欢颜⑪!风雨不动安如山。呜呼⑫!何时眼前突兀见此屋⑬,吾庐独破受冻死亦足⑭!

【注释】

①秋高:秋深。怒号(háo):大声吼叫。

②三重(chóng)茅:几层茅草。三,泛指多。

③挂罥(juàn):挂着,挂住。罥,挂。长(cháng):高。

④忍能对面为盗贼:竟忍心这样当面做抢掠的事。忍能,忍心如此。对面,当面。为,做。

⑤俄顷(qǐng):不久,一会儿,顷刻之间。

⑥秋天漠漠向昏黑(古音念hè):指秋季的天空阴沉迷蒙,渐渐黑了下来。

⑦布衾(qīn):布质的被子。衾,被子。

⑧丧(sāng)乱:战乱,指安史之乱。

⑨沾湿:潮湿不干。何由彻:如何才能挨到天亮。彻,彻晓。

⑩安得:如何能得到。广厦(shà):宽敞的大屋。

⑪大庇(bì):全部遮盖掩护起来。庇,遮盖,掩护。寒士:"士"原指士人,即文化人,但此处泛指贫寒的士人们。俱:都。欢颜:喜笑颜开。

⑫呜呼:书面感叹词,表示叹息,相当于"唉"。

⑬突兀(wù):高耸的样子,这里用来形容广厦。见(xiàn):通"现",出现。

⑭庐:茅屋。亦:一作"意"。足:值得。

饮中八仙歌

杜甫

知章骑马似乘船，眼花落井水底眠①。

汝阳三斗始朝天，道逢麹车口流涎，

恨不移封向酒泉②。左相③日兴费万钱，

饮如长鲸吸百川，衔杯乐圣称世贤。

宗之④潇洒美少年，举觞白眼望青天，

皎如玉树临风前。苏晋长斋⑤绣佛前，

醉中往往爱逃禅。李白斗酒诗百篇，

长安市上酒家眠。天子呼来不上船，

自称臣是酒中仙。张旭⑥三杯草圣传，

脱帽露顶王公前，挥毫落纸如云烟。

焦遂⑦五斗方卓然，高谈雄辩惊四筵。

【注释】

①知章：贺知章，性旷放纵诞，自号"四明狂客"。他在长安一见李白，便称他为"谪仙人"，解所佩金龟换酒与李白痛饮。这两句写贺知章醉后骑马，摇摇晃晃，像乘船一样，醉眼昏花，跌落井中。

②汝阳：汝阳王李琎，唐玄宗的侄子。朝天：朝见天子。此谓李琎痛饮后才入朝。麹车：酒车。移封：改换封地。酒泉：郡名，在今甘肃酒泉市。传说郡城下有泉，味如酒。故名酒泉。

③左相：指左丞相李适之。

④宗之：崔宗之，吏部尚书崔日用之子，袭父封为齐国公，官至侍御史，也是李白的朋友。

⑤苏晋：开元进士，曾为户部和吏部侍郎。长斋：长期斋戒。

⑥张旭：吴县人，唐代著名书法家，擅长草书，时人称为"草圣"。

⑦焦遂：平民，以嗜酒闻名，事迹不详。

石壕吏

杜甫

暮①投②石壕村,有吏③夜④捉人。老翁逾⑤墙走⑥,老妇出门看。

吏呼⑦一何⑧怒⑨!妇啼⑩一何苦⑪!

听妇前致词⑫:三男邺城⑬戍⑭。一男附书至,二男新战死。

存者且偷生,死者长已矣!室中更无人,惟有乳下孙。有孙母未去,出入无完裙。老妪力虽衰,请从吏夜归,急应河阳役,犹得备晨炊。

夜久语声绝,如闻泣幽咽。天明登前途,独与老翁别。

【注释】

①暮:傍晚,日落的时候。

②投:投宿。

③吏:官吏,低级别官员,这里指抓壮丁的差役。

④夜:时间名词作状语,在夜里。

⑤逾(yú):越过,翻过。

⑥走:逃跑。

⑦呼:诉说,叫喊。

⑧一何:何其、多么。

⑨怒:恼怒,凶猛,粗暴,这里指凶狠。

⑩啼:哭啼。

⑪苦:凄苦。

⑫前致词:指老妇走上前去(对差役)说话。前,上前,向前。致,对……说。

⑬邺城:即相州,在今河南安阳。

⑭戍:防守,这里指服役。

3. 王维——诗画相生

王维（701—761年），字摩诘，盛唐时期著名诗人，官至尚书右丞，崇信佛教，人称"诗佛"，晚年居于蓝田辋川别墅。苏轼称赞他说："味摩诘之诗，诗中有画；观摩诘之画，画中有诗。"

鸟鸣涧①

王维

人闲②桂花落，夜静春山空③。

月出惊④山鸟，时鸣⑤春涧中。

【注释】

①鸟鸣涧：鸟儿在山涧中鸣叫。

②人闲：指没有人事活动相扰。闲，安静、悠闲，含有人声寂静的意思。

③春山：春日的山，亦指春日山中。空：这时形容山中寂静。

④惊：惊动，扰乱。

⑤时：时而，偶尔。鸣：鸟叫。

山居秋暝①

王维

空山②新雨后，天气晚来秋。

明月松间照，清泉石上流。

竹喧归浣女，莲动下渔舟。

随意春芳歇，王孙自可留。

【注释】

①暝（míng）：日暮，黄昏。

②空山：空旷、空寂的山野。

竹里馆①

王维

独坐幽篁②里，

弹琴复长啸③。

深林④人不知，

明月来相照⑤。

【注释】

①竹里馆：辋川别墅胜景之一，房屋周围有竹林，故名。
②幽篁（huáng）：幽深的竹林。
③长啸：撮口而呼，这里指吟咏、歌唱。古代一些超逸之士常以此来抒发感情。魏晋名士称吹口哨为啸。
④深林：指幽篁。
⑤相照：与"独坐"相应，意思是说，左右无人相伴，唯有明月似解人意，偏来相照。

送元二使安西①

王维

渭城朝雨浥②轻尘，

客舍青青柳色新。

劝君更尽一杯酒，

西出阳关无故人。

【注释】

①渭城曲：另题作《送元二使安西》，或名《阳关三叠》。
②浥（yì）：湿润。

鹿柴①

王维

空山不见人,

但②闻人语响。

返景③入深林,

复④照青苔上。

【注释】

①鹿柴(zhài):王维辋川别墅。柴:通"寨",用树木围成的栅栏。

②但:只。

③返景(yǐng):同"返影",太阳将落时通过云彩反射的阳光。

④复:又。

4.孟浩然——清旷冲淡

孟浩然（689—740年），名浩，字浩然，襄州襄阳（今湖北襄阳）人，唐代著名的山水田园派诗人，世称"孟襄阳"。因他未曾入仕，又称之为"孟山人"。他隐居林下，一生好学，为后人留下二百多首著名诗篇，其中山水诗居多。

宿建德江[①]

孟浩然

移舟泊烟渚[②]，日暮客[③]愁新。
野旷天低树[④]，江清月近人[⑤]。

【注释】

①建德江：指新安江流经建德（今属浙江）西部的一段江水。
②泊：停船。烟渚（zhǔ）：指江中雾气笼罩的小沙洲。渚，水中小块陆地。
③客：指作者自己。
④野：原野。旷：空阔远大。天低树：天幕低垂，好像和树木相连。
⑤月近人：倒映在水中的月亮好像来靠近人。

5.高适——雄浑悲壮

高适（约700—765年），字达夫。唐朝时期大臣、边塞诗人。

永泰元年（765年）去世，时年六十二岁，追赠礼部尚书，谥号为忠。作为著名边塞诗人，与岑参、王昌龄、王之涣合称"边塞四诗人"，著有《高常侍集》二十卷。

别董大①

高适

千里黄云②白日曛③，北风吹雁雪纷纷。

莫愁前路无知己，天下谁人不识君？

【注释】

①董大：指董庭兰，是当时有名的音乐家，在其兄弟中排名第一，故称"董大"。

②黄云：天上的乌云。在阳光下，乌云是暗黄色，所以叫黄云。

③白日曛（xūn）：太阳黯淡无光。曛，即曛黄，指夕阳西沉时的昏黄景色。

6.岑参——尚清好奇

岑参出生在一个官僚家庭，聪颖早慧，五岁读书，九岁能属文。天宝三载（744年），岑参进士及第，二年后获授右内率府兵曹参军，后两次从军边塞。约大历四年（769年）秋冬之际，岑参卒于成都，享年约五十二岁。其诗作清雅、清幽、清逸。

白雪歌送武判官①归京

岑参

北风卷地白草②折，胡天③八月即飞雪。
忽如一夜春风来，千树万树梨花④开。
散入珠帘湿罗幕，狐裘不暖锦衾薄。
将军角弓不得控，都护铁衣冷难着。
瀚海阑干百丈冰，愁云惨淡万里凝。
中军置酒饮归客，胡琴琵琶与羌笛。
纷纷暮雪下辕门，风掣红旗冻不翻。
轮台东门送君去，去时雪满天山路。
山回路转不见君，雪上空留马行处。

【注释】

①武判官：名不详，当是封常清幕府中的判官。判官，官职名。唐代节度使等朝廷派出的持节大使，可委任幕僚协助判处公事。
②白草：西北的一种牧草，晒干后变白。
③胡天：指塞北的天空。胡，古代汉民族对北方各民族的通称。
④梨花：春天开放，花为白色。这里比喻雪花积在树枝上，像梨花开了一样。

7. 王之涣——六诗传世

凉州词

王之涣

黄河远上白云间，

一片孤城万仞①山。

羌笛②何须怨杨柳③，

春风不度玉门关④。

【注释】

①仞：古代的长度单位，一仞相当于七尺或八尺。

②羌笛：羌笛是羌族乐器，属横吹式管乐器。

③杨柳：《折杨柳》曲。古诗文中常以杨柳喻送别情事。

④玉门关：汉武帝时期置，因西域输入玉石取道于此而得名。故址在今甘肃敦煌西北小方盘城，是古代通往西域的要道。

8. 王昌龄——七绝圣手

出塞

王昌龄

秦时明月汉时关,

万里长征人未还。

但使①龙城飞将②在,

不教③胡马④度阴山。

【注释】
①但使：只要。
②龙城飞将：指汉朝飞将军李广。李广（前186—前119年），汉族，陇西成纪人，西汉时期的名将，被匈奴称为"飞将军"。
③不教：不叫，不让。教，让，使。
④胡马：指侵扰内地的外族骑兵。

芙蓉楼送辛渐①

王昌龄

寒雨连江②夜入吴，

平明③送客楚山孤④。

洛阳亲友如相问，

一片冰心在玉壶⑤。

【注释】

①辛渐：诗人的一位朋友。

②寒雨：秋冬时节的冷雨。连江：雨水与江面连成一片，形容雨很大。

③平明：天刚亮的时候。

④孤：独自，孤单一人。

⑤冰心：比喻纯洁的心。玉壶比喻高洁。

三、中唐诗篇

  中唐是唐诗的变化期。在盛唐诗歌难以为继之后，诗人们纷纷另辟蹊径，自成一家，表现出或多或少的开拓精神。经历了安史之乱带来的社会巨大动荡，诗人们感受到唐王朝的由盛转衰，产生了强烈的人生幻灭感，盛唐时期昂扬奋发的精神、乐观向上的情绪不复存在。

（一）"郊寒岛瘦"

1. 诗囚——孟郊

  孟郊，字东野，其最广为流传的诗歌是《游子吟》。全诗平易通俗，清新流畅，于淳朴素淡中表现了人情的浓厚真淳，故为人传诵。

游子吟
孟郊

慈母手中线，游子身上衣。

临行密密缝，意恐迟迟归①。

谁言寸草心，报得三春晖②。

【注释】

①意恐：担心。归：回来，回家。

②报得：报答。三春晖：春天灿烂的阳光，指慈母之恩。三春，旧称农历正月为孟春，二月为仲春，三月为季春，合称三春。晖，阳光。形容母爱如春天温暖和煦的阳光照耀着子女。

2. 诗奴——贾岛

贾岛，早年贫寒，落发为僧，法名无本。十九岁云游，识孟郊等，因"推敲"一事闻名。

题李凝幽居

贾岛

闲居少邻并，草径入荒园。

鸟宿池边树，僧敲月下门。

过桥分野色，移石动云根。

暂去还来此，幽期不负言。

3. 诗鬼——李贺

李贺，字长吉，是唐高祖李渊的叔父李亮（大郑王）的后裔。中唐时期的浪漫主义诗人，与李白、李商隐合称为"唐代三李"。留下了"黑云压城城欲摧""雄鸡一声天下白""天若有情天亦老"等千古佳句。有"太白仙才，长吉鬼才"之说。李贺因长期抑郁感伤，焦思苦吟的生活方式，二十七岁便英年早逝。

李凭[①]箜篌引

李贺

吴丝蜀桐张高秋，空山凝云颓不流。

江娥啼竹素女愁，李凭中国[②]弹箜篌。

昆山玉碎凤凰叫[③]，芙蓉泣露香兰笑[④]。

十二门前融冷光[5]，二十三丝动紫皇。

女娲[6]炼石补天处，石破天惊逗秋雨[7]。

梦入神山教神妪[8]，老鱼跳波瘦蛟舞。

吴质[9]不眠倚桂树，露脚斜飞湿寒兔[10]。

【注释】

①李凭：当时的梨园艺人，善弹奏箜篌。

②中国：即国中，意谓在京城。

③昆仑玉碎：形容乐音清脆。昆山即昆仑山。凤凰叫：形容乐音和缓。

④芙蓉泣露香兰笑：形容乐声时而低回，时而轻快。

⑤十二门前融冷光：这句是说清冷的乐声使人觉得长安城沉浸在寒光之中。十二门，长安城东西南北每面各三门，共十二门，故言。

⑥女娲：中华上古之神，人首蛇身，为伏羲之妹，风姓。《淮南子·览冥训》和《列子·汤问》载有女娲炼五色石补天的故事。

⑦石破天惊逗秋雨：补天的五色石（被乐音）震破，引来了一场秋雨。逗，引。

⑧神妪：指女神成夫人。传说她喜好音乐，善弹箜篌，听见有人依琴瑟咏歌就翩翩起舞。

⑨吴质：即吴刚。《酉阳杂俎》卷一："旧言月中有桂，有蟾蜍。故异书言，月桂高五百丈，下有一人常斫之，树创随合。人姓吴，名刚，西河人。学仙，有过，谪令伐树。"

⑩露脚：露珠下滴的形象说法。寒兔：指秋月，传说月中有玉兔，故称。

4. 白居易——平易旷达

白居易（772—846年），字乐天，晚年退居洛阳香山，号香山居士，又号醉吟先生。世称"诗魔""诗王"。白居易聪颖过人，读书十分刻苦，读得口都生出了疮，手都磨出了茧，年纪轻轻的，头发全都白了。他的名字出自《中庸》"君子居易以俟命"。

问刘十九①

白居易

绿蚁新醅酒②，红泥小火炉。

晚来天欲雪③，能饮一杯无？

【注释】

①刘十九：白居易留下的诗作中，提到刘十九的不多，仅两首。乃嵩阳处士，名字未详。另一说为刘禹锡堂兄刘禹铜。

②绿蚁新醅酒：酒是新酿的酒。新酿酒未滤清时，酒面浮起泡沫，色微绿，细如蚁，称为"绿蚁"。醅（pēi），酿造。

③雪：下雪，这里作动词用。

夜雪

白居易

已讶①衾枕②冷，复见窗户明。

夜深知雪重，时闻折竹声③。

【注释】

①讶：惊讶。

②衾（qīn）枕：被子和枕头。

③折竹声：指大雪压折竹子的声响。

卖炭翁①

白居易

卖炭翁，伐薪烧炭南山中②。满面尘灰烟火色③，两鬓苍苍④十指黑。卖炭得钱何所营⑤？身上衣裳口中食。可怜身上衣正单，心忧炭贱愿天寒。夜来城外一尺雪，晓驾炭车辗冰辙⑥。牛困人饥日已高，市南门外泥中歇。

翩翩两骑来是谁⑦？黄衣使者白衫儿⑧。手把文书口称敕⑨，回车叱牛牵向北⑩。一车炭，千余斤，宫使驱将惜不得。半匹红纱一丈绫⑪，系向牛头充炭直⑫。

【注释】

①题注云："苦宫市也。"宫市，唐德宗时皇宫里需要物品，就到市场上去低价购买，实际上是公然掠夺。
②伐：砍伐。薪：柴。南山：终南山，在长安城南。
③烟火色：烟熏色的脸。此处突出卖炭翁的辛劳。
④苍苍：灰白色，形容鬓发花白。
⑤得：得到。何所营：做什么用。营，经营，这里指需求。
⑥晓：天亮。辗（niǎn）：同"碾"，压。辙：车轮滚过地面辗出的痕迹。
⑦翩翩：轻快洒脱的情状。这里形容得意忘形的样子。骑：骑马的人。
⑧黄衣使者：指皇宫内的太监。白衫儿：指太监手下的爪牙。
⑨把：拿。称：说。敕（chì）：皇帝的命令或诏书。
⑩回：调转。叱：喝斥。牵向北：指牵向宫中。
⑪半匹红纱一丈绫：唐代商务交易，绢帛等丝织品可以当作货币使用。当时绢贱，半匹纱和一丈绫，和一车炭的价值相差很远。这是官方用贱价强夺民财。
⑫系（jì）：绑扎。这里是挂的意思。直：同"值"，指价钱。

长恨歌

白居易

汉皇重色思倾国，御宇多年求不得。
杨家有女初长成，养在深闺人未识。
天生丽质难自弃，一朝选在君王侧。
回眸一笑百媚生，六宫粉黛无颜色。
春寒赐浴华清池，温泉水滑洗凝脂。
侍儿扶起娇无力，始是新承恩泽时。
云鬓花颜金步摇，芙蓉帐暖度春宵。
春宵苦短日高起，从此君王不早朝。
承欢侍宴无闲暇，春从春游夜专夜。
后宫佳丽三千人，三千宠爱在一身。
金屋妆成娇侍夜，玉楼宴罢醉和春。
姊妹弟兄皆列土，可怜光彩生门户。
遂令天下父母心，不重生男重生女。
骊宫高处入青云，仙乐风飘处处闻。
缓歌慢舞凝丝竹，尽日君王看不足。
渔阳鼙鼓动地来，惊破《霓裳羽衣曲》。
九重城阙烟尘生，千乘万骑西南行。
翠华摇摇行复止，西出都门百余里。
六军不发无奈何，宛转蛾眉马前死。
花钿委地无人收，翠翘金雀玉搔头。
君王掩面救不得，回看血泪相和流。

黄埃散漫风萧索，云栈萦纡登剑阁。
峨嵋山下少人行，旌旗无光日色薄。
蜀江水碧蜀山青，圣主朝朝暮暮情。
行宫见月伤心色，夜雨闻铃肠断声。
天旋地转回龙驭，到此踌躇不能去。
马嵬坡下泥土中，不见玉颜空死处。
君臣相顾尽沾衣，东望都门信马归。
归来池苑皆依旧，太液芙蓉未央柳。
芙蓉如面柳如眉，对此如何不泪垂？
春风桃李花开夜，秋雨梧桐叶落时。
西宫南苑多秋草，落叶满阶红不扫。
梨园弟子白发新，椒房阿监青娥老。
夕殿萤飞思悄然，孤灯挑尽未成眠。
迟迟钟鼓初长夜，耿耿星河欲曙天。
鸳鸯瓦冷霜华重，翡翠衾寒谁与共？
悠悠生死别经年，魂魄不曾来入梦。
临邛道士鸿都客，能以精诚致魂魄。
为感君王辗转思，遂教方士殷勤觅。
排空驭气奔如电，升天入地求之遍。
上穷碧落下黄泉，两处茫茫皆不见。
忽闻海上有仙山，山在虚无缥渺间。
楼阁玲珑五云起，其中绰约多仙子。
中有一人字太真，雪肤花貌参差是。

金阙西厢叩玉扃，转教小玉报双成。

闻道汉家天子使，九华帐里梦魂惊。

揽衣推枕起徘徊，珠箔银屏迤逦开。

云鬓半偏新睡觉，花冠不整下堂来。

风吹仙袂飘飖举，犹似霓裳羽衣舞。

玉容寂寞泪阑干，梨花一枝春带雨。

含情凝睇谢君王，一别音容两渺茫。

昭阳殿里恩爱绝，蓬莱宫中日月长。

回头下望人寰处，不见长安见尘雾。

惟将旧物表深情，钿合金钗寄将去。

钗留一股合一扇，钗擘黄金合分钿。

但教心似金钿坚，天上人间会相见。

临别殷勤重寄词，词中有誓两心知。

七月七日长生殿，夜半无人私语时。

在天愿作比翼鸟，在地愿为连理枝。

天长地久有时尽，此恨绵绵无绝期。

【精彩解读】

　　唐明皇偏好美色，当上皇帝后多年来一直在寻找美女，却一无所获。杨家有个女儿刚刚长大，十分娇艳，养在深闺中，外人不知她美丽绝伦。天生丽质、倾国倾城让她很难埋没世间，果然没多久便成为唐明皇身边的一个妃嫔。她回眸一笑时，千姿百态，娇媚横生；六宫妃嫔，一个个都黯然失色。春寒料峭时，皇上赐她到华清池沐浴，温润的泉水洗涤着凝脂一般的肌肤。侍女搀扶她，如出水芙蓉娇弱婷婷，由此开始得到皇帝恩宠。鬓发如云颜脸似花，头戴着金步摇。温暖的芙蓉帐里,与皇上共度春宵。情深只恨春宵短,一觉睡到太阳高高升起。君王深恋儿女情温柔乡,从此再也不早朝。承受君欢侍君饮,忙得没有闲暇。春日陪皇上一起出游,晚上夜夜侍寝。后宫中妃嫔不下三千人,却只有她独享皇帝的恩宠。金屋中梳妆打扮,夜夜撒娇不离君王;玉楼上酒酣宴罢,醉意更添几许风韵。兄弟姐妹都因她列土封侯,杨家门楣光耀令人羡慕。于是使得天下的父母都改变了心意,变成了重女轻男。骊山上华清宫内玉宇琼楼高耸入云,清风过处仙乐飘向四面八方。轻歌曼舞多合拍,管弦旋律尽传神,君王终日观看,却百看不厌。渔阳叛乱的战鼓震耳欲聋,宫中停奏《霓裳羽衣曲》。九重宫殿霎时尘土飞扬,君王带着大批臣工美眷向西南逃亡。车队走走停停,西出长安才百余里。六军停滞不前,要求赐死杨玉环。君王无可奈何,只得在马嵬坡下缢杀杨玉环。贵妃头上的饰品,散落满地无人收拾。翠翘、金雀、玉搔头,珍贵头饰一件件。君王欲救不能,掩面而泣,回头看贵妃惨死的场景,血泪止不住地流。秋风萧索扫落叶,黄土尘埃已消遁,回环曲折穿栈道,车队踏上了剑阁古道。峨眉山下行人稀少,旌旗无色,日月无光。蜀地山清水秀,引发君王相思情。行宫里望月满目凄然,雨夜听曲声声带悲。叛乱平息后,君王重返长安,路过马嵬坡,睹物思人,徘徊不前。萋萋马嵬坡下,荒凉黄冢中,佳人容颜再不见,唯有坟茔躺山间。君臣相顾,泪湿衣衫,东望京都心伤悲,信马由缰归朝堂。回来一看,池苑依旧,太液池边芙蓉仍在,未央宫中垂柳未改。芙蓉开得像玉环的脸,柳叶儿好似她的眉,此情此景如何不心生悲戚?春风吹开桃李花,物是人非不胜悲;秋雨滴落梧桐叶,场面寂寞更惨凄。兴庆宫和甘露殿,处处萧条,秋草丛生。宫内落叶满台阶,长久不见有人扫。戏子头已雪白,宫女红颜尽褪。晚上宫殿中流萤飞舞,孤灯油尽君王仍难以入睡。细数迟迟钟鼓声,愈数愈觉夜漫长,遥望耿耿星河天,直到东方吐曙光。鸳鸯瓦上霜花重生,冰冷的翡翠被里谁与君王同眠?阴阳相隔已一年，为何你从未在我梦里来过?临邛道士正客居长安，据说他能以法术招来贵妃魂魄。君王思念贵妃的情意令他感动。他接受皇命，不敢怠慢，殷勤地寻找，八面御风。驾驭云气入空中，横来直去如闪电，升天入地地遍寻，穷极天堂地府，都毫无结果，都找不见。忽然听说海上有一座被白云围绕的仙山。楼阁玲珑剔透，五彩祥云承托起。天仙神女数不尽，个个风姿绰约。当中有一人字太真，肌肤如雪貌似花，好像就是君王要找的杨贵妃。道士来到金阙西边，叩响玉石雕做的院门轻声呼唤，让小玉叫侍女双成去通报。太真听说君王的使者到了，从帐中惊醒。穿上衣服推开枕头出了睡帐。逐次地打开屏风放下珠帘。半梳着云鬟刚刚睡醒，来不及梳妆就走下坛来，还歪戴着花冠。轻柔的仙风吹拂着衣袖微微飘动，就像霓裳羽衣的舞姿，袅袅婷婷。寂寞忧愁颜，面上泪水长流，犹如春天带雨的梨花。含情凝视天子的使者，托他深深谢君王。马嵬坡上长别后，音讯颜容两渺茫。昭阳殿里的姻缘早已隔断，蓬莱宫中的孤寂，时间还很漫长。回头俯视人间，长安已隐，只剩尘雾。只有用当年的信物表达我的深情，钿盒金钗你带去给君王做纪念。金钗留下一股，钿盒留下一半，金钗劈开黄金，钿盒分了宝钿。但愿我们相爱的心，就像黄金宝钿一样忠贞坚硬，天上人间总有机会再见。临别殷勤托方士，寄语君王表情思，语中誓言只有君王与我知。当年七月七日长生殿中，夜半无人，我们共起山盟海誓。在天愿为比翼双飞鸟，在地愿为并生连理枝。即使是天长地久，也总会有尽头，但这生死遗恨，却永远没有尽期。

5. 崔颢——雄浑自然

崔颢（约704—754年），出身于唐代顶级门阀士族博陵崔氏。他最为人称道的诗是《黄鹤楼》，曾使李白叹服。据说李白为之搁笔，曾有"眼前有景道不得，崔颢题诗在上头"的赞叹。

黄鹤楼[①]

崔颢

昔人[②]已乘黄鹤去，此地空余黄鹤楼。

黄鹤一去不复返，白云千载空悠悠[③]。

晴川历历汉阳树[④]，芳草萋萋鹦鹉洲[⑤]。

日暮乡关[⑥]何处是？烟波[⑦]江上使人愁。

【注释】

①黄鹤楼：三国吴黄武二年（223年）修建。为古代名楼，旧址在湖北武昌黄鹤矶上，俯见大江，面对大江彼岸的龟山。

②昔人：传说古代有一位名叫费祎的仙人，在此乘鹤登仙。

③悠悠：飘飘荡荡的样子。

④晴川：阳光照耀下的原野。川，平原。历历：清楚可数。汉阳：地名，在黄鹤楼之西，汉水北岸。

⑤萋萋：形容草木茂盛的样子。鹦鹉洲：在湖北省武汉市武昌区西南。

⑥乡关：故乡家园。

⑦烟波：暮霭沉沉的江面。

6. 柳宗元——清瘦幽寒

柳宗元（773—819年），唐代文学家、哲学家、散文家和思想家，曾与韩愈一同倡导古文运动。柳宗元的诗，清瘦幽寒，风格淡雅而意味深长。

江雪

柳宗元

千山鸟飞绝[①]，

万径[②]人踪[③]灭。

孤舟蓑笠翁，

独钓寒江雪。

【注释】

①绝：无，没有。

②万径：虚指，指千万条路。

③人踪：人的脚印。

7. 刘禹锡——旷达乐观

刘禹锡（772—842年），字梦得，唐朝时期大臣、文学家、哲学家，有"诗豪"之称。其诗意境开阔，充满豪情。

元和十年①自朗州承召至京
戏赠看花诸君子/玄都观桃花

刘禹锡

紫陌红尘拂面来②，

无人不道看花回。

玄都观里桃千树③，

尽是刘郎去后栽。

【注释】

①元和：唐宪宗年号。十年：《全唐诗》作"十一年"，是传写之误。

②紫陌：郊外的道路。陌，本是田间小路，这里借用为道路之意。红尘：尘埃，人马往来扬起的尘土。拂面：迎面，扑面。

③玄都观：道观名，在长安城南崇业坊（今西安市南门外）。桃千树：极言桃树之多。

再游玄都观①

刘禹锡

百亩庭中半是苔②,

桃花净尽③菜花开。

种桃道士④归何处,

前度刘郎今又来。

【注释】

①元和十年(815年)玄都观赏花诗写后,刘禹锡又被贬出京,十四年后重被召回,写下此篇。

②百亩庭中:指玄都观百亩大的观园。苔:青苔。

③净:空无所有。尽:完。

④种桃道士:暗指当初打击王叔文、贬斥刘禹锡的权贵们。

秋词

刘禹锡

自古逢秋悲寂寥①,

我言秋日胜春朝②。

晴空一鹤排云上③,

便引诗情到碧霄。

【注释】

①悲寂寥:悲叹萧条空寂。宋玉《九辩》有"悲哉,秋之为气也""寂寥兮,收潦而水清"等句。

②春朝:春天的早晨,亦泛指春天。朝,早晨的意思,这里指的是刚开始。

③晴:一作"横"。排云:推开白云。排,推开,有冲破的意思。

四、晚唐诗篇

晚唐是唐诗的衰微期。伴随着帝国的逐渐倾颓,多咏史怀古之作,情调抑郁悲凉。代表人物是小李杜,即李商隐、杜牧。

1.李商隐——深情精工

李商隐的诗重在表现内心世界的情感体验,诗风深情精工,具有极高的审美价值。

夜雨寄北

李商隐

君①问归期未有期,

巴山夜雨涨秋池②。

何当③共剪西窗烛④,

却话巴山夜雨时。

【注释】

①君:你,指诗人的妻子王氏。一说是友人。

②涨秋池:秋雨使池塘注满了水。涨,水位升高。

③何当:何时才能够。

④共剪西窗烛:在西窗下共剪烛芯(剪去烛花,使烛光更加明亮)。

锦瑟

李商隐

锦瑟无端五十弦，一弦一柱思华年。

庄生晓梦迷蝴蝶①，望帝春心托杜鹃②。

沧海月明珠有泪③，蓝田日暖玉生烟④。

此情可待成追忆？只是当时已惘然。

【注释】

①庄生晓梦迷蝴蝶：《庄子·齐物论》："庄周梦为胡蝶，栩栩然胡蝶也。自喻适志与，不知周也。俄然觉，则蘧蘧然周也。不知周之梦为胡蝶与？胡蝶之梦为周与？"李商隐在此引庄周梦蝶的故事，以言人生如梦，往事如烟之意。

②望帝春心托杜鹃：杜鹃，又名子规。传说蜀国的杜宇帝因水灾让位于自己的臣子，而自己则隐归山林，死后化为杜鹃日夜悲鸣直至啼出血来。

③沧海月明珠有泪：《博物志》："南海外有鲛人，水居如鱼，不废织绩，其眼能泣珠。"

④蓝田日暖玉生烟：《元和郡县志》："关内道京兆府蓝田县：蓝田山，一名玉山，在县东二十八里。"《文选》陆机《文赋》："石韫玉而山辉，水怀珠而川媚。"

2.杜牧——清俊疏朗

杜牧（803年—853），字牧之，是宰相杜佑之孙。因晚年居长安南樊川别墅，著有《樊川文集》。杜牧的诗歌以咏史抒怀为主。

泊秦淮①

杜牧

烟②笼寒水月笼沙，

夜泊③秦淮近酒家。

商女④不知亡国恨，

隔江犹唱后庭花⑤。

【注释】

①秦淮：即秦淮河，相传为秦始皇南巡会稽时开凿的，用来疏通淮水，故称秦淮河。历代均为繁华的游赏之地。

②烟：烟雾。

③泊：停泊。

④商女：以卖唱为生的歌女。

⑤后庭花：歌曲《玉树后庭花》的简称。南朝陈皇帝陈叔宝（陈后主）沉溺于声色，作此曲与后宫美女寻欢作乐，终致亡国，后世把此曲作为亡国之音的代表。

过华清宫①

杜牧

长安回望绣成堆②,

山顶千门次第③开。

一骑红尘妃子④笑,

无人知是荔枝来。

【注释】

①华清宫：故址在今陕西临潼骊山，是唐明皇与杨贵妃游乐之地。

②绣成堆：指花草林木和建筑物像一堆堆锦绣。

③次第：按顺序。

④妃子：指贵妃杨玉环。

第九章 宋词

一、婉约派

1. 李煜——南唐后主

五代词人中成就最高的是南唐后主李煜，他以词写自己的人生际遇和真实性情，写故国之思和亡国之痛。

李煜（937—978年），字重光，号钟隐、莲峰居士，南唐元宗李璟第六子，北宋建隆二年（961年）继位，史称南唐后主，杰出的词人。

北宋开宝七年（974年），宋太祖屡次遣人诏其北上，均辞不去。开宝八年（975年），国破降宋，俘至汴京，被封为右（一说左）千牛卫上将军、违命侯。宋太宗即位后，进陇西郡公。后为宋太宗毒死。李煜在政治上虽庸碌无能，但其艺术才华却卓绝非凡。

李煜工书法，善绘画，精音律，诗和文均有一定造诣，尤以词的成就最高，被誉为"千古词帝"，对后世影响很大。前期词多写宫廷享乐生活，风格柔靡；后期词反映亡国之痛，题材扩大，意境深远，极富艺术感染力。后人将他与李璟的作品合辑为《南唐二主词》。现存词四十四首，其中几首前期作品或为他人所作，可以确定者三十八首。

虞美人

李煜

春花秋月何时①了，往事知多少？小楼昨夜又东风，故国不堪②回首月明中！

雕栏玉砌③应犹在，只是朱颜改。问君能有几多愁？恰似④一江春水向东流。

【注释】
①何时：什么时候。
②不堪：不能，不可，承受不了。
③雕栏玉砌：代指过去富贵的生活。
④恰似：好像。

望江南

李煜

多少恨，昨夜梦魂中。还似旧时游上苑①，车如流水马如龙②，花月正春风。

多少泪，断脸复横颐。心事莫将和泪说，凤笙休向泪时吹。肠断更无疑。

【注释】
①上苑：封建时代供帝王玩赏、打猎的园林。
②车如流水马如龙：车子接连不断像流水一样驰过，马匹络绎不绝像游龙一样走动。形容车马络绎不绝，十分繁华热闹。

浪淘沙令

李煜

帘外雨潺潺①,春意阑珊②,罗衾不耐③五更寒。梦里不知身是客④,一晌⑤贪欢⑥。

独自莫凭栏,无限江山,别时容易见时难。流水落花春去也,天上人间。

【注释】
①潺潺:形容雨声。
②阑珊:衰残。
③罗衾:绸被子。不耐:受不了。
④身是客:指被拘汴京,形同囚徒。
⑤一晌:一会儿,片刻。
⑥贪欢:指贪恋梦境中的欢乐。

2.柳永——白衣卿相

柳永（约987—1053年），原名三变。以写相思旅愁见长，富于平民色彩，其创作的词在市井之间广为流传，出现"凡有井水饮处，皆能歌柳词"的现象。

雨霖铃·寒蝉凄切

柳永

寒蝉凄切，对长亭晚，骤雨初歇。都门帐饮①无绪，留恋处，兰舟催发。执手相看泪眼，竟无语凝噎②。念去去，千里烟波，暮霭③沉沉楚天阔。

多情自古伤离别，更那堪，冷落清秋节！今宵酒醒何处？杨柳岸，晓风残月。此去经年④，应是良辰好景虚设。便纵有千种风情，更与何人说？

【注释】
①都门帐饮：在京都郊外搭起帐幕设宴饯行。
②凝噎：悲痛气塞，说不出话来。
③暮霭：傍晚的云雾。
④经年：经过一年或多年，此指年复一年。

3.晏殊——笔调闲逸

晏殊（991—1055年），字同叔。自幼聪慧，十四岁以神童入试，赐同进士出身，被任命为秘书省正字，官至礼部和刑部尚书、观文殿大学士、兵部尚书。晏殊以词著称文坛，尤擅小令，风格含蓄婉丽，与其第七子晏几道被称为"大晏"和"小晏"。

浣溪沙·一曲新词酒一杯

晏殊

一曲新词酒一杯，去年天气旧亭台。夕阳西下几时回？

无可奈何花落去，似曾相识①燕归来②。小园香径③独徘徊④。

【注释】

①似曾相识：好像曾经认识。形容见过的事物再度出现。后用作成语。

②燕归来：燕子从南方飞回来。燕归来，春中常景，在有意无意之间。

③香径：花草芳香的小径，或指落花散香的小径。因落花满径，幽香四溢，故云香径。

④徘徊：来回走。

4.李清照——清逸典雅

李清照（1084—1155年），号易安居士，有"千古第一才女"之称。她早期的作品多抒写闺情相思和对大自然的热爱，风格开朗明快，清丽婉转；后期的词作多抒写思夫、思乡、思国的哀愁，风格深沉凝重、哀婉凄苦。留有作品集《漱玉词》。

如梦令·常记溪亭①日暮

李清照

常记溪亭日暮，

沉醉不知归路。

兴尽②晚回舟，

误入藕花③深处。

争渡，争渡，

惊起一滩鸥鹭④。

【注释】

①常记：长久记忆。溪亭：临水的亭台。

②兴尽：尽了酒宴兴致。

③藕花：荷花。

④鸥鹭：泛指水鸟。

如梦令·昨夜雨疏风骤

李清照

昨夜雨疏风骤①,

浓睡不消残酒②。

试问卷帘人③,

却道海棠依旧。

知否,知否?

应是绿肥红瘦④!

【注释】

①雨疏风骤:雨点稀疏,晚风急猛。疏,指稀疏。
②浓睡不消残酒:虽然睡了一夜,仍有余醉未消。浓睡,酣睡。残酒,尚未消散的醉意。
③卷帘人:有学者认为此指侍女。
④绿肥红瘦:绿叶繁茂,红花凋零。

声声慢

李清照

寻寻觅觅①，冷冷清清，凄凄惨惨戚戚②。乍暖还寒③时候，最难将息④。三杯两盏淡酒，怎敌他、晚来风急⑤？雁过也，正伤心，却是旧时相识。

满地黄花堆积。憔悴损⑥，如今有谁堪⑦摘？守着窗儿，独自怎生⑧得黑？梧桐更兼细雨⑨，到黄昏、点点滴滴。这次第⑩，怎一个愁字了得！

【注释】

①寻寻觅觅：意谓想把失去的一切都找回来，表现非常空虚怅惘、迷茫失落的心态。

②凄凄惨惨戚戚：忧愁苦闷的样子。

③乍暖还（huán）寒：指秋天的天气，忽然变暖，又转寒冷。

④将息：旧时方言，休养调理之意。

⑤怎敌他：对付，抵挡。晚：一本作"晓"。

⑥损：表示程度极高。

⑦堪：可。

⑧怎生：怎样，怎么。生，助词。

⑨梧桐更兼细雨：暗用白居易《长恨歌》"秋雨梧桐叶落时"的诗意。

⑩这次第：这光景，这情形。

二、豪放派

1. 苏轼——豪放旷达

　　苏轼（1037—1101年），字子瞻，号东坡居士。苏轼是北宋中期的文坛领袖，在诗、词、散文、书、画等方面均取得了很高成就。在诗歌方面，与黄庭坚并称"苏黄"；词开豪放一派，与辛弃疾同是豪放派代表，并称"苏辛"；散文著述宏富，与欧阳修并称"欧苏"，为"唐宋八大家"之一。苏轼善书，"宋四家"之一；擅长文人画，尤其擅长墨竹、怪石、枯木等。

水调歌头·明月几时有

苏轼

丙辰①中秋，欢饮达旦②，大醉，作此篇，兼怀子由③。

　　明月几时有？把酒④问青天。不知天上宫阙⑤，今夕是何年。我欲乘风归去⑥，又恐琼楼玉宇⑦，高处不胜⑧寒。起舞弄清影，何似在人间。

　　转朱阁，低绮户，照无眠。不应有恨，何事长向别时圆？人有悲欢离合，月有阴晴圆缺，此事古难全。但愿人长久，千里共婵娟。

【注释】

①丙辰：指宋神宗熙宁九年（1076年）。这一年苏轼在密州（今山东省诸城市）任太守。

②达旦：到天亮。

③子由：苏轼的弟弟苏辙的字。

④把酒：端起酒杯。把，执、持。
⑤天上宫阙（què）：月中宫殿。阙，宫殿。
⑥归去：回去，这里指回到月宫里去。
⑦琼（qióng）楼玉宇：美玉砌成的楼宇，指想象中的仙宫。
⑧不胜（shèng，旧读shēng）：经受不住。胜，承担、承受。

定风波①

苏轼

三月七日，沙湖道中遇雨。雨具先去，同行皆狼狈，余独不觉。已而遂晴，故作此词。

莫听穿林打叶声②，何妨吟啸③且徐行。竹杖芒鞋④轻胜马，谁怕？一蓑烟雨任平生⑤。

料峭⑥春风吹酒醒，微冷，山头斜照却相迎。回首向来萧瑟处，归去，也无风雨也无晴。

【注释】
①定风波：词牌名。
②穿林打叶声：大雨点透过树林打在树叶上的声音。
③吟啸：吟咏长啸。
④芒鞋：草鞋。
⑤一蓑烟雨任平生：披着蓑衣在风雨里过一辈子也处之泰然。
⑥料峭：风寒冷的样子。

临江仙[①]

苏轼

夜饮东坡[②]醒复醉,归来仿佛三更。家童鼻息已雷鸣。敲门都不应,倚杖听江声[③]。

长恨此身非我有,何时忘却营营[④]?夜阑[⑤]风静縠纹平。小舟从此逝,江海寄余生。

【注释】

①临江仙:唐教坊曲名,后用作词牌名。
②东坡:在湖北黄冈东。苏轼谪贬黄州时,友人马正卿助其垦辟的游息之所,筑雪堂五间。
③听江声:苏轼寓居临皋,故能听长江的涛声。
④营营:奔走钻营的样子。
⑤夜阑:夜将尽。

江城子·乙卯正月二十日夜记梦

苏轼

十年[①]生死两茫茫。不思量[②],自难忘。千里孤坟,无处话凄凉。纵使相逢应不识,尘满面,鬓如霜。

夜来幽梦[③]忽还乡,小轩窗[④],正梳妆。相顾无言,惟有泪千行。料得年年肠断处,明月夜,短松冈[⑤]。

【注释】

①十年:指结发妻子王弗去世已十年。
②思量:想念。
③幽梦:梦境隐约,故云幽梦。
④小轩窗:指小室的窗前。轩,窗。
⑤短松冈:长着矮小松树的山冈,指苏轼葬妻之地。短松,矮松。

念奴娇·赤壁怀古

苏轼

大江东去,浪淘尽,千古风流人物。故垒①西边,人道是,三国周郎②赤壁。乱石穿空,惊涛拍岸,卷起千堆雪③。江山如画,一时多少豪杰。

遥想公瑾当年,小乔初嫁了,雄姿英发④。羽扇纶巾⑤,谈笑间,樯橹⑥灰飞烟灭。故国神游,多情应笑我,早生华发。人生如梦,一尊还酹江月。

【注释】
①故垒:古时军队营垒的遗迹。
②周郎:指三国时吴国名将周瑜,字公瑾,少年得志,二十四岁时为中郎将,掌管东吴重兵,军中皆呼之为"周郎"。下文中的"公瑾",即指周瑜。
③雪:比喻浪花。
④雄姿英发(fā):谓周瑜体貌不凡,言谈卓绝。英发,才华外露。
⑤羽扇纶(guān)巾:古代儒者的便装打扮。羽扇,羽毛制成的扇子。纶巾,青丝带制成的头巾。
⑥樯橹(qiánglǔ):这里代指曹操的水军战船。樯,挂帆的桅杆。橹,一种摇船的桨。

2. 岳飞——精忠报国

岳飞（1103—1142年），字鹏举，亲历靖康之变，岳飞从二十岁起，先后参与、指挥大小战斗数百次。绍兴十年（1140年），金毁盟攻宋，岳飞挥师北伐，两河人民奔走相告，各地义军纷纷响应，夹击金军。岳家军先后收复郑州、洛阳等地，大败金军，进军朱仙镇。岳飞治军赏罚分明，纪律严整，又能体恤部属，以身作则，金军有"撼山易，撼岳家军难"的评语，以示对岳家军的由衷敬佩。宋高宗赵构和宰相秦桧却一意求和，以十二道"金牌"催令班师。在宋金议和过程中，岳飞遭受秦桧、张俊等人诬陷入狱。1142年1月，以"莫须有"的罪名，与长子岳云、部将张宪一同遇害。

满江红·怒发冲冠

岳飞

怒发冲冠[1]，凭栏处、潇潇[2]雨歇。抬望眼、仰天长啸，壮怀激烈。三十功名尘与土[3]，八千里路云和月[4]。莫等闲[5]、白了少年头，空悲切。

靖康耻[6]，犹未雪。臣子恨，何时灭。驾长车，踏破贺兰山缺。壮志饥餐胡虏肉，笑谈渴饮匈奴血。待从头、收拾旧山河，朝天阙[7]。

【注释】

①怒发（fà）冲冠：头发竖起，以至于将帽子顶起。形容愤怒至极。

②潇潇：形容风雨急骤。

③"三十"句：谓自己年已三十，得到的功名如同尘土一样微不足道。三十，是约数。功名，或指岳飞攻克襄阳六郡以后建节晋升之事。

④"八千"句：形容南征北战，路途遥远，披星戴月。八千，是约数，极言沙场征战行程之远。

⑤等闲：无端，平白地。

⑥靖康耻：宋钦宗靖康二年（1127年），金兵攻陷东京，掳走徽、钦二帝。靖康，宋钦宗赵桓的年号。

⑦朝天阙：朝见皇帝。天阙，本指宫殿前的楼观，此指皇帝居住的地方。明代王熙书《满江红》词碑作"朝金阙"。

3. 辛弃疾——沉雄豪迈

辛弃疾（1140—1207年），原字坦夫，后改字幼安，中年后别号稼轩居士。出生于北方金人统治区。他从小便立下了恢复中原、报国雪耻的志向。同时，他身上具有一种宋代文人少见的慷慨激昂的英豪之气。辛弃疾文学创作的主要成就体现在词上，其词集《稼轩词》收有作品六百多首，是两宋词坛作品传世最多的词人。

青玉案①·元夕②

辛弃疾

东风夜放花千树③。更吹落、星如雨④。宝马雕车⑤香满路。凤箫声动⑥，玉壶⑦光转，一夜鱼龙舞。

蛾儿雪柳黄金缕。笑语盈盈暗香去。众里寻他千百度。蓦然回首，那人却在，灯火阑珊处。

【注释】

①青玉案：词牌名，调名取于东汉张衡《四愁诗》中"美人赠我锦绣段，何以报之青玉案"诗句。又名"横塘路""西湖路"，双调六十七字，上下阕各五仄韵，上去通押。

②元夕：农历正月十五日为上元节，即元宵节，此夜称元夕或元夜。

③"东风"句：形容元宵夜花灯繁多。花千树，花灯之多如千树开花。

④星如雨：指焰火纷纷，乱落如雨。星，指焰火，形容满天的烟花。一说形容灯多。

⑤宝马雕车：豪华的马车。

⑥"凤箫"句：指笙、箫等乐器演奏。凤箫，箫的美称。一说即排箫。

⑦玉壶：比喻明月。亦可解释为灯。

破阵子·为陈同甫赋壮词以寄之

辛弃疾

醉里挑灯看剑①,梦回②吹角连营。八百里分麾下炙③,五十弦翻塞外声④。沙场秋点兵。

马作的卢飞快,弓如霹雳弦惊。了却君王天下事,赢得生前身后名。可怜白发生!

【注释】
①挑灯:把灯芯挑亮。看剑:抽出宝剑来细看。
②梦回:梦里遇见,说明下面描写的战场场景,不过是作者旧梦重温。
③八百里:指牛,这里泛指酒食。分麾(huī)下炙(zhì):把烤牛肉分赏给部下。麾下,部下。麾,军中大旗。炙,烤的熟肉。
④五十弦:古瑟,此处泛指军中乐器。《史记·封禅书》:"太帝使素女鼓五十弦瑟,悲,帝禁不止,故破其瑟为二十五弦。"翻:演奏。塞外声:指边地悲壮粗犷的战歌。

第十章 古典小说

一、《水浒传》

1. 作者与作品

《水浒传》的作者为施耐庵,元末明初小说家,罗贯中的老师,也参与了《三国演义》的创作。

《水浒传》是中国历史上最早用白话文写成的章回体小说,是以宋江起义的故事为线索创作出来的。宋江起义发生在北宋徽宗时期。全书通过描写一百零八条好汉被逼上梁山、在梁山泊立旗号"替天行道"和受朝廷招安,以及被招安后为朝廷征战,最终消亡的故事。

2. 重点人物

花和尚——鲁智深

　　拳打镇关西,大闹相国寺,倒拔垂杨柳,大闹野猪林

行者——武松

　　景阳冈打虎,醉打蒋门神,大闹飞云浦,血溅鸳鸯楼

黑旋风——李逵

　　江州劫法场,沂岭杀四虎,打死殷天锡,闹东京

呼保义(及时雨)——宋江

　　怒杀阎婆惜,浔阳楼吟反诗,神聚蓼(liǎo)儿洼

豹子头——林冲

　　误入白虎堂,棒打洪教头,风雪山神庙,火并王伦

托塔天王——晁盖

　　智取生辰纲,反济州围剿

智多星——吴用

智取生辰纲，智取大名府，智取文安县

3.重点情节

第一部分

　　七十一回以前，以人为单元，写诸多英雄先后造反，像众虎归山、百川聚海。

第二部分

　　七十一回以后，以事为顺序，写义军两赢童贯，三败高俅，接受招安。北征辽，南打方腊，以悲剧告终。

二、《三国演义》

1.作者与作品

　　罗贯中，名本，字贯中，号湖海散人，元末明初小说家、戏曲家。代表作《三国演义》。《三国演义》是长篇章回体历史演义小说，以史书《三国志》为蓝本，从黄巾起义写起，到西晋太康元年（280年）三国统一为止，描绘了魏、蜀、吴三国兴亡的历史画卷。

2.部分情节

　　①桃园三结义。东汉末年，朝政腐败，再加上连年灾荒，人民生活非常困苦。刘备有意拯救百姓，张飞、关羽愿与刘备共同干一番事业。三人情投意合，选定张飞庄后一桃园。此时正值桃花盛开，景色美丽，张飞准备了青牛白马，作为祭品，焚香礼拜，宣誓完毕，三个人按年岁认了兄弟。刘备年长做了大哥，关羽为二哥，

张飞最小,做了弟弟。这便是《三国演义》中著名的"桃园三结义"。

②温酒斩华雄。曹操招兵买马,会合袁绍、公孙瓒(zàn)、孙坚等十七路兵马,攻打董卓。十八路诸侯面对董卓的大将华雄都束手无策,关羽自请出战,曹操为其温酒送行,关羽接过酒杯,又放在桌上说:"等我杀了华雄回来再喝吧!"说完,提着大刀上马去了。关羽武艺高强,没一会儿,就砍下了华雄的脑袋。他回到军营,曹操连忙拿起桌上的酒杯递给他,此时,杯中的酒还没凉呢。

③三英战吕布。讨董联军进军虎牢关,遭到天下第一将吕布的阻击。联军将领死伤惨重,眼看公孙瓒败下阵来,张飞挺丈八钢矛出击,战他不过,关羽挥舞青龙偃月刀来夹攻吕布,不胜。刘备掣(chè)双股剑出击,三兄弟围住吕布,转灯儿般厮杀,八路人马都看呆了,吕布不支,大败,退回关内。

④煮酒论英雄。一天,刘备正在园子里浇菜,曹操派人请刘备到小亭青梅煮酒。曹操大谈当世英雄,问刘备当世英雄是谁。曹操说:"当今天下英雄,只有你和我两个。"刘备一听,吃了一惊,手中筷子不知不觉掉在地下,正巧雷声大作,刘备灵机一动从容地低下身,拾起筷子,说是因为害怕打雷,才掉了筷子。刘备通过掩饰,让曹操误以为他是个胸无大志、胆小如鼠的庸人,曹操从此再也不疑心刘备了。

⑤过五关斩六将。关羽与刘备、张飞失散,后来得到了刘备的消息,立即向曹操请辞,但曹操避而不见,最后,关羽只能不辞而别。由于没有得到曹操的手谕,所以关羽一路之上遭到了层层拦阻,但关羽凭借一己之力,过了曹操所辖五个关卡,立斩曹操六员大将,即东岭关杀孔秀,洛阳城杀韩福、孟坦,汜(sì)水关杀卞喜,荥(xíng)阳杀太守王植,滑州黄河渡口杀秦琪。

⑥三顾茅庐。刘备听说诸葛亮很有学识，就和关羽、张飞带着礼物到隆中卧龙岗去请教诸葛亮，恰巧诸葛亮这天出去了，刘备只得失望地回去。不久，刘备又和关羽、张飞冒着大风雪第二次去请诸葛亮出山，不料诸葛亮又出外闲游去了。第三次拜访才见到诸葛亮，三顾茅庐传为后世美谈。

⑦单骑救主。新野一战，刘备以少胜多打败曹操，曹操引五十万大军前来报仇。刘备的三千人马走到当阳县，突然被曹兵截住，战到天明才摆脱曹兵的追赶，护卫刘备家小的赵云发现不见了刘备，走散了糜（mí）夫人母子，急忙集合三四十骑，又杀回乱军中寻找。赵云力战众将，威武勇猛。正在山上观战的曹操见赵云势不可当，传令一定要活捉。赵云利用这个机会冲出包围，连杀五十多员曹将，终于救出阿斗交给了刘备。

⑧草船借箭。周瑜看到诸葛亮处处比自己高出一等，便心怀嫉妒，想将诸葛亮置于死地。他以军中缺箭为名，让诸葛亮立下军令状十天内造出十万支箭。诸葛亮趁着大雾漫天，用草船向曹营"借"了十万支箭，提前七天顺利地完成了任务，使周瑜的阴谋彻底失败。

⑨借东风。诸葛亮与周瑜制订了火攻曹营的计划，但连日来江上一直刮西北风，用火攻不但烧不着北岸的曹兵，反而会烧到自己。诸葛亮在七星坛做法，之后，果然刮起了东南风，借风势火攻为后来赤壁之战的胜利奠定了基础。

⑩空城计。三国时期，魏国派司马懿挂帅进攻蜀国街亭，诸葛亮派马谡驻守失败。司马懿率兵乘胜直逼西城，诸葛亮无兵迎敌，但沉着镇定，大开城门，自己在城楼上弹琴。司马懿怀疑有埋伏，不敢攻城引兵退去。等得知西城是空城回去再战时，赵云赶回解围。

⑪白帝城托孤。荆州被吴国攻占，关羽兵败被俘，不降，被

杀。刘备闻后尽起全国之兵讨伐吴国，为关羽报仇，但被吴军火烧连营，大败后退到白帝城，一病不起。刘备对诸葛亮说："如果你看阿斗是个当皇帝的料，你就辅佐他；如果他不是个当皇帝的料，你就把他废黜了，你当皇帝吧。"诸葛亮一听立刻跪下说："我一定会全心全意辅佐刘禅的，绝不敢有一点自己当皇帝的意思，一定会做到鞠躬尽瘁，死而后已。"

⑫七擒孟获。建兴三年（225年），诸葛亮北伐，以重兴汉室。这时，南蛮又来犯蜀，诸葛亮当即点兵南征。擒住了南蛮首领孟获，但孟获不服，其间诸葛亮采用了马谡的攻心计策，七擒孟获，又七次放了他。孟获起誓以后决不再谋反。孔明委派他掌管南蛮之地，孟获等听后深受感动。

3. 重点人物

《三国演义》中人物描写最大的特点是"略貌取神"，不单纯追求细节的逼真。鲁迅曾说："至于写人，亦颇有失，以致欲显刘备之长厚而似伪，状诸葛之多智而近妖。"

诸葛亮——智绝

舌战群儒，草船借箭，祭七星坛借东风，摆空城计，发明木牛流马

曹操——奸绝

杀吕伯奢，望梅止渴，割发代首，宁教我负天下人，休叫天下人负我

刘备——仁爱

桃园结义，卧龙辅佐，败走当阳

关羽——义绝

力斩华雄，义放曹操，千里走单骑

张飞——鲁莽

怒鞭督邮，断喝当阳桥

三、《西游记》

1. 作者与作品

吴承恩（约1500—约1582年），字汝忠，号射阳山人，明代小说家。创作了中国古代第一部浪漫主义章回体长篇神魔小说《西游记》。

2. 重点情节

大闹天宫、偷吃人参果、三打白骨精、大战红孩儿、真假美猴王、三借芭蕉扇

3. 重点人物

唐僧，又称唐三藏、玄奘、旃檀（zhān tán）功德佛。

孙悟空，又称美猴王、齐天大圣、孙行者、斗战胜佛，兵器为如意金箍棒。

猪八戒，又称猪悟能、天蓬元帅、净坛使者，兵器为九齿钉耙。

沙僧，又称沙悟净、卷帘大将、金身罗汉，兵器为降妖宝杖。

白龙马，又称西海龙王三太子、八部天龙广力菩萨。

四、曹雪芹《红楼梦》

1. 作者与作品

曹雪芹（约1715—约1763年），名霑，字梦阮，号雪芹，清代小说家。

《红楼梦》，又名《石头记》，描写了贾、史、王、薛四大家族的兴衰历程。前八十回为曹雪芹著，后四十回为高鹗续写。二十世纪以来，学术界因《红楼梦》异常出色的艺术成就和丰富深刻的思想底蕴而产生了以《红楼梦》为研究对象的专门学问——红学。

2. 重点情节

第三回　托内兄如海荐西宾　接外孙贾母惜孤女
第十七回　大观园试才题对额　荣国府归省庆元宵
第二十七回　滴翠亭杨妃戏彩蝶　埋香冢飞燕泣残红
第三十七回　秋爽斋偶结海棠社　蘅芜苑夜拟菊花题
第四十一回　贾宝玉品茶栊翠庵　刘姥姥醉卧怡红院
第四十八回　滥情人情误思游艺　慕雅女雅集苦吟诗
第四十九回　琉璃世界白雪红梅　脂粉香娃割腥啖膻
第七十回　林黛玉重建桃花社　史湘云偶填柳絮词
第七十四回　惑奸谗抄检大观园　避嫌隙杜绝宁国府

3. 重点人物

①重点人物的性格特点。

林黛玉：坦率纯真、才华横溢、自尊自重、尖酸小性、多愁善感、姿容绝世、冰雪聪明、孤傲清高、敏感多疑。

贾宝玉：聪明灵秀、温柔多情、乖张顽劣、文思敏捷、重情重义。

薛宝钗：温柔敦厚、博学多识、豁达大度、世故圆滑、品格端方。

王熙凤：聪明机变、精明能干、八面玲珑、心狠手辣。

史湘云：豁达开朗、热情豪爽、心直口快、单纯乐观、文才不俗、善良细心。

贾探春：敢做敢为、办事练达、决断果敢、刚强聪慧、心思缜密。

晴雯：聪慧美丽、风流灵巧、叛逆勇敢、爽直莽撞、机敏尖刻、嫉恶如仇。

袭人：温柔和顺、处事稳妥、心机深重。

平儿：聪明清俊、心地善良、机智能干、公正平和。

紫鹃：赤诚忠心、聪慧机敏、温柔娴静良、心地高洁、不卑不亢、坦诚纯真。

②金陵十二钗及判词。

金陵十二钗包括林黛玉、薛宝钗、贾元春、贾迎春、贾探春、贾惜春、王熙凤、史湘云、秦可卿、李纨（wán）、妙玉、贾巧姐。

林黛玉、薛宝钗：可叹停机德，堪怜咏絮才。玉带林中挂，金簪雪里埋。

贾元春：二十年来辨是非，榴花开处照宫闱。三春争及初春景，虎兕相逢大梦归。

贾迎春：子系中山狼，得志便猖狂。金闺花柳质，一载赴黄粱。

贾探春：才自精明志自高，生于末世运偏消。清明涕泣江边望，千里东风一梦遥。

贾惜春：勘破三春景不长，缁衣顿改昔年妆。可怜绣户侯门女，独卧青灯古佛旁。

　　王熙凤：凡鸟偏从末世来，都知爱慕此生才。一从二令三人木，哭向金陵事更哀。

　　史湘云：富贵又何为？襁褓之间父母违。展眼吊斜晖，湘江水逝楚云飞。

　　秦可卿：情天情海幻情深，情既相逢必主淫。漫言不肖皆荣出，造衅开端实在宁。

　　李纨：桃李春风结子完，到头谁似一盆兰。如冰水好空相妒，枉与他人作笑谈。

　　妙玉：欲洁何曾洁，云空未必空。可怜金玉质，终陷淖泥中。

　　贾巧姐：势败休云贵，家亡莫论亲。偶因济刘氏，巧得遇恩人。

4. 重要诗文

　　《红楼梦》的第一回，作者曹雪芹有几句自我评价："满纸荒唐言，一把辛酸泪。都云作者痴，谁解其中味？"

葬花吟

　　花谢花飞花满天，红消香断有谁怜？游丝软系飘春榭，落絮轻沾扑绣帘。闺中女儿惜春暮，愁绪满怀无释处。手把花锄出绣帘，忍踏落花来复去。柳丝榆荚自芳菲，不管桃飘与李飞。桃李明年能再发，明年闺中知有谁？三月香巢已垒成，梁间燕子太无情！明年花发虽可啄，却不道人去梁空巢也倾。一年三百六十日，风刀霜剑严相逼，明媚鲜妍能几时，一朝漂泊难寻觅，花开易见落难寻，阶前闷杀葬花人，独把花锄泪暗洒，洒上空枝见血痕。杜鹃无语正黄昏，荷锄归去掩重门；青灯照壁人初睡，冷雨敲窗被未温。怪奴底事倍伤神？半为怜春半恼春。怜春忽至恼忽去，至又无言去未闻。

昨宵庭外悲歌发，知是花魂与鸟魂？花魂鸟魂总难留，鸟自无言花自羞。愿奴胁下生双翼，随花飞到天尽头。天尽头，何处有香丘？未若锦囊收艳骨，一抔净土掩风流，质本洁来还洁去，强于污淖陷渠沟。尔今死去侬收葬，未卜侬身何日丧。侬今葬花人笑痴，他年葬侬知是谁，试看春残花渐落，便是红颜老死时。一朝春尽红颜老，花落人亡两不知。

枉凝眉

一个是阆苑仙葩，一个是美玉无瑕。若说没奇缘，今生偏又遇着他；若说有奇缘，如何心事终虚化？一个枉自嗟呀，一个空劳牵挂。一个是水中月，一个是镜中花。想眼中能有多少泪珠儿，怎禁得秋流到冬尽，春流到夏！

飞鸟各投林

为官的，家业凋零；富贵的，金银散尽；有恩的，死里逃生；无情的，分明报应；欠命的，命已还；欠泪的，泪已尽。冤冤相报实非轻，分离聚合皆前定。欲知命短问前生，老来富贵也真侥幸。看破的，遁入空门；痴迷的，枉送了性命。好一似食尽鸟投林，落了片白茫茫大地真干净！

第十一章 现当代散文

故都的秋

郁达夫

秋天，无论在什么地方的秋天，总是好的；可是啊，北国的秋，却特别地来得清，来得静，来得悲凉。我的不远千里，要从杭州赶上青岛，更要从青岛赶上北平来的理由，也不过想饱尝一尝这"秋"，这故都的秋味。

江南，秋当然也是有的；但草木凋得慢，空气来得润，天的颜色显得淡，并且又时常多雨而少风；一个人夹在苏州上海杭州，或厦门香港广州的市民中间，浑浑沌沌地过去，只能感到一点点清凉，秋的味，秋的色，秋的意境与姿态，总看不饱，尝不透，赏玩不到十足。秋并不是名花，也并不是美酒，那一种半开、半醉的状态，在领略秋的过程上，是不合适的。

不逢北国之秋，已将近十余年了。在南方每年到了秋天，总要想起陶然亭的芦花，钓鱼台的柳影，西山的虫唱，玉泉的夜月，潭柘寺的钟声。在北平即使不出门去罢，就是在皇城人海之中，租人家一椽破屋来住着，早晨起来，泡一碗浓茶，向院子一坐，你也能看得到很高很高的碧绿的天色，听得到青天下驯鸽的飞声。从槐树叶底，朝东细数着一丝一丝漏下来的日光，或在破壁腰中，静对着像喇叭似的牵牛花（朝荣）的蓝朵，自然而然地也能够感觉到十分的秋意。说到了牵牛花，我以为以蓝色或白色者为佳，紫黑色次之，淡红色最下。最好，还要在牵牛花底，教长着几根疏疏落落的尖细且长的秋草，使作陪衬。

北国的槐树，也是一种能使人联想起秋来的点缀。像花而又不是花的那一种落蕊，早晨起来，会铺得满地。脚踏上去，声音也没有，气味也没有，只能感出一点点极微细极柔软的触觉。扫街的在树影下一阵扫后,灰土上留下来的一条条扫帚的丝纹,看起来既觉得细腻,又觉得清闲,潜意识下并且还觉得有点儿落寞,古人所说的梧桐一叶而天下知秋的遥想,大约也就在这些深沉的地方。

秋蝉的衰弱的残声,更是北国的特产;因为北平处处全长着树,屋子又低,所以无论在什么地方,都听得见它们的啼唱。在南方是非要上郊外或山上去才听得到的。这秋蝉的嘶叫,在北平可和蟋蟀耗子一样,简直像是家家户户都养在家里的家虫。

还有秋雨哩,北方的秋雨,也似乎比南方的下得奇,下得有味,下得更像样。

在灰沉沉的天底下,忽而来一阵凉风,便息列索落地下起雨来了。一层雨过,云渐渐地卷向了西去,天又青了,太阳又露出脸来了;着着很厚的青布单衣或夹袄的都市闲人,咬着烟管,在雨后的斜桥影里,上桥头树底去一立,遇见熟人,便会用了缓慢悠闲的声调,微叹着互答着地说:

"唉,天可真凉了——"(这了字念得很高,拖得很长。)

"可不是吗?一层秋雨一层凉啦!"

北方人念阵字,总老像是层字,平平仄仄起来,这念错的歧韵,倒来得正好。

北方的果树,到秋来,也是一种奇景。第一是枣子树;屋角,墙头,茅房边上,灶房门口,它都会一株株地长大起来。像橄榄又像鸽蛋似的这枣子颗儿,在小椭圆形的细叶中间,显出淡绿微黄的颜色的时候,正是秋的全盛时期。等枣树叶落,枣子红完,西北风就要起来了,北方便是尘沙灰土的世界,只有这枣子、柿子、葡萄,成熟到八九分的七八月之交,是北国的清秋的佳日,是一年之中最好也没有的 Golden Days。

有些批评家说,中国的文人学士,尤其是诗人,都带着很浓厚的颓废色彩，所以中国的诗文里，颂赞秋的文字特别多。但外国的诗人，又何尝不然？我虽则外国诗文念得不多，也不想开出账来，做一篇秋的诗歌散文钞，但你若去一翻英德法意等诗人的集子，或各国的诗文的 Anthology 来，总能够看到许多关于秋的歌颂与悲啼。各著名的大诗人的长篇田园诗或四季诗里，也总以关于秋的部分，写得最出色而最有味。足见有感觉的动物，有情趣的人类，对于秋，总是一样地能特别引起深沉、幽远、严厉、萧索的感触来的。不单是诗人，就是被关闭在牢狱里的囚犯，到了秋天，我想也一定会感到一种不能自已的深情；秋之于人，何尝有国别，更何尝有人种阶级的区别呢？不过在中国，文字里有一个"秋士"的成语，读本里又有着很普遍的欧阳子的《秋声》与苏东坡的《赤壁赋》等，就觉得中国的文人，与秋的关系特别深了。可是这秋的深味，尤其是中国的秋的深味，非要在北方，才感觉得到底。

南国之秋，当然是也有它的特异的地方的，譬如廿四桥的明月，钱塘江的秋潮，普陀山的凉雾，荔枝湾的残荷，等等，可是色彩不浓，回味不永。比起北国的秋来，正像是黄酒之与白干，稀饭之与馍馍，鲈鱼之与大蟹，黄犬之与骆驼。

秋天，这北国的秋天，若留得住的话，我愿意把寿命的三分之二折去，换得一个三分之一的零头。

1934年8月，在北平

破碎的美丽

乔叶

有时候，我甚至相信：只有破碎的东西才是美丽的。

我喜欢断树残枝萎叶，也喜欢旧寺锈钟颓墙；喜欢庭院深深一蓬秋草，荒芜石阶点点青苔，也喜欢云冷星陨月缺，柳败花残茎衰。这些破碎的东西是那么平常，那么清淡，那么落魄，甚至那么狼狈。它们从光艳十足无可挑剔的巅峰骤然落地或是慢慢地坠下慢慢地沉淀慢慢地变形，然后破碎，然后走进我的视线中，走到辉煌已让位给别人的今天。

我不知道它们曾经怎样美丽过，所以我无法想象它们的美丽。因此，我深深沉醉于这种不可想象不可求源的美丽之中，挖掘着它们绚丽的往昔，然后蓦然回首，将这两种生命的形态拉至眼前，黯然泪下。这由圆满而破碎、由繁盛而落寞的生命过程中，蕴含着多少难以诉说的悲欢离合，蕴含着多少永恒的感伤和无限的苍凉啊！

同样，很残忍的，我相信破碎的人生才最美丽。

我喜欢苍老的人记起发黄的青春，孤傲的人忏悔错过的爱情；我喜欢英雄暮年时的忍痛回首，红颜逝去后的对镜哀思。我喜欢人们在最薄弱最不设防的时候挖出自己最痛最疼的那一部分，然后颤抖，然后哭泣，然后让心灵流出血来。每当这时候，哪怕我对眼前的人一无所知，我也一定会相信：那些辛酸和苦难以及那些难以释怀的心事和情绪，是他生命中最深的印记和最珍爱的储藏。只有等他破碎的时候，他才会露出自己最真实的容颜。

林黛玉的破碎，在于她有刻骨铭心的爱情；三毛的破碎，在于她历尽沧桑后一刹那的明彻和超脱；凡高的破碎，是太阳用金黄的刀子让他在光明中不断剧痛；贝多芬的破碎，则是灵性至极的黑白键撞击生命的悲壮乐章。如果说平凡者的破碎泄露了人性最纯最美的光点,那么优秀灵魂的破碎则如银色的礼花开满了我们头顶的天空,带给我们人生的梦想和启迪。

这些悲哀而持久的美丽,直接触动了我心灵中最柔软的部分,让我随他们流泪欢笑叹息或是沉默——那是一种多么崇高的感动啊!

谦卑的人有福

鲍尔吉·原野

先民造出庙宇叩拜的理由之一，在于表达自己对造物主的谦卑。无论造物主是上帝，抑或就是大自然本身。他们谦卑，并非真的见过上帝，而是生活中的种种奇迹——譬如土地上生长庄稼，清澈的河水可供饮用，孩子们健康成长——表明，人的存在并不仅由人的力量完成。

于是他们谦卑，伏在地上求得神的喜欢，使庄稼明年继续生长，让孩子们的孩子依然健康。

如果不讨论被膜拜的一方，即神，是否真的存在，我们所感动的，是先民对待周遭的姿态：虔诚、恭顺以及明智的位置选择。

谦卑正是一种姿态。

如果认识到人在自然环境中是一员而非一霸，认识到自己在知识的疆域中的距离，认识到气象蔼然是别人最喜欢的一张名片，那就会选择谦卑。

谦卑是找准了自己的位置。一个人在时代、事业与家庭中都有一个最合适的位置。聪明的人最清楚自己的位置在哪里，坐下来，像观赏电影一样展开自己的人生。而另一些人，终生都在找位置，而无暇坐下来做应做的事情。无论在什么样的际遇里，你只要谦卑，生活的位置就会向你显示出来。

谦卑是一种睿智。许多人对牛顿晚年的一段话不解。他说，在科学面前，我只是一个在岸边拣石子的小孩。这并非伪逊，实为感叹。牛顿穷毕生之力，终于看到了宇宙的浩瀚无际，也看到了自己的局限性。爱因斯坦正是发现了牛顿古典力学在特定情形下的谬误后，才开创了相对论。这一点，牛顿即使活着也不会惊讶，因为他从不为创立了足称不朽的定律而狂妄。所有称得上大师的人，他们的创造力使他们谦卑。如果在乞丐面前不够谦卑，证明他是一个有钱人；如果在世界的壮美面前仍不谦卑，则证明他是愚人。

  谦卑是美。谄媚、奴颜、趋炎附势种种恶行与谦卑无关。谦卑是虚怀若谷所显示的平静，是洞悉人心之后的安然，是进退裕如的冲和。谦卑不是让你向势高一头的人畏缩。它是心智的清明，在天地大美面前豁然醒悟之后的喜悦。谦卑使人焕发出美，不光彬彬有礼，也不光以笑颜悦人，它是一个人在历经沧海之后才有的一种亲切，大善盈胸之际的一份宽厚，物欲淘净之余呈现的一颗赤子之心。这种姿态超凡脱俗，使人心仪不已。

  这就是谦卑的力量。

一滴水经过丽江

阿来

我是一片雪,轻盈地落在了玉龙雪山顶上。

有一天,我醒来,发现自己变成了坚硬的冰,和更多的冰挤在一起,缓缓向下流动。在许多年的沉睡里,我变成了玉龙雪山冰川的一部分。我望见了山下绿色的盆地——丽江坝,望见了森林、田野和村庄。张望的时候,我被阳光融化成了一滴水。我想起来,自己的前生,在从高空的雾气化为一片雪,又凝成一粒冰之前,也是一滴水。

是的,我又化成了一滴水,和瀑布里另外的水大声喧哗着扑向山下。在高山上,我们沉默了那么久,终于可以敞开喉咙大声喧哗。一路上,经过了许多高大挺拔的树。名叫松与杉。还有更多的树开满鲜花,叫作杜鹃,叫作山茶。经过马帮来往的驿道,经过纳西族村庄里的人们,他们都在说:丽江坝,丽江坝,那真是一个山间美丽的大盆地。从玉龙雪山脚下,一直向南,铺展开去。视线尽头,几座小山前,人们正在建筑一座城。村庄里的木匠与石匠,正往那里出发。后来我知道,视野尽头的那些山叫作象山、狮子山,更远一点,叫作笔架山。后来,我知道,那时是明代,纳西族的首领木氏家族率领百姓筑起了名扬世界的四方街。四方街筑成后,一个名叫徐霞客的远游人来了,把玉龙雪山写进了书里,把丽江古城写进了书里,让它们的名字四处流传。

我已经奔流到了丽江坝放牧着牛羊的草甸上,我也要去四方街。

但是,眼前一黑,我就和很多水一起,跌落到地底下去了。丽江人把高山溪流跌落到地下的地方叫作落水洞。落水洞下面,是很深的黑暗。曲折的水道,安静的深潭。在充满寂静和岩石的味道的地下，我又睡去了。

再次醒来，时间又过去了好几百年。

我是被亮光惊醒的。我和很多水从象山脚下的黑龙潭冒出来，咕咚一声翻上水面，看见了很多不同模样的人。黑头发的人，黄头发的人。黑眼睛的人，蓝眼睛的人。我看见了潭边的亭台楼阁，看见了花与树。我还顺着人们远眺的目光看见了玉龙雪山，晶莹夺目矗立在蓝天下面。潭水映照雪山，真让人目眩神迷啊。人们在桥上，在堤上，说着不同的语言。在不同的语言里，都有那个词频频出现：丽江，丽江。这时的丽江已经是一座很大的城了。城里也不是只有最初筑城的纳西人了。如今全中国全世界的人都要来丽江，看纳西古城的四方街，看玉龙雪山。

我记起了跌进落水洞前的心愿：也要流过四方街。

顺着玉河，我来到了四方街前。

进城之前，一道闸口出现在前面。过去，把水拦在闸前，是为了在四方街上的市集散去的黄昏开闸放水，古城的五花石的街道上，水流漫溢，洗净了街道。今天，一架大水车来把我们扬到高处，游览古城的人要把这水车和清凉的水做一个美丽的背景摄影留念。我乘水车转轮缓缓升高，看到了古城，看到了狮子山上苍劲的老柏树，看到了依山而起的重重房屋，看见了顺水而去的蜿蜒老街。古城的建筑就这样依止于自然，美丽了自然。

从水车上哗然一声跌落下来，回到了玉河。在这里，我有些犹豫。因为河流将要一分为三，流过古城。作为一滴水，不可能同时从三条河中穿越同一座古城。因此，所有的水，都在稍作徘徊时，被急匆匆的后来者推着前行。来不及做出选择，我就跌进了三条河中的一条，叫作中河的那一条。

我穿过了一道又一道小桥。

我经过叮叮当当敲打着银器的小店。经过挂着水一样碧绿的翡翠的玉器店。经过一座院子，白须垂胸的老者们，在演奏古代的音乐。经过售卖纳西族的东巴象形文字的字画店。我想停下来看看，东巴文的"水"字是怎样的写法。但我停不下来，没有看见。我确实想停下来，想被掺入砚池中，被蘸到笔尖，被写成东巴象形文的"水"，挂在店中，那样，来自全世界的人都看见我了。在又一座桥边，一个浇花人把手中的大壶没进了渠中。我立即投身进去，让这个浇花的妇人，把我带进了纳西人三坊一照壁的院子。院子里，兰花在盛开。浇花时，我落在了一朵香气隐约的兰花上。我看到了，楼下正屋，主人一家在闲话。楼上回廊，寄居的游客端着相机在眺望远山。楼上的客人和楼下的主人大声交谈。客人问主人当地的掌故。主人问客人远方的情形。太阳出来了，我怕被迅速蒸发，借一阵微风跳下花朵，正好跳回浇花壶中。

黄昏时，主人再去打水浇花时，我又回到了穿城而过的水流之中。这时，古城五彩的灯光把渠水辉映得五彩斑斓。游客聚集的茶楼酒吧中，传来人们的欢笑与歌唱。这些人来自远方，在那些地方，即便是寂静时分，他们的内心也很喧哗；在这里，尽情欢歌处，夜凉如水，他们的心像一滴水一样晶莹。

好像是因为那些鼓点的催动，水流得越来越快。很快，我就和更多的水一起出了古城，来到了城外的果园和田地里。一些露珠从树叶上落下，加入了我们。在宽广的丽江坝中流淌，穿越大地时，头顶上是满天星光。一些薄云掠过月亮时，就像丽江古城中，一个银匠，正在擦拭一只硕大的银盘。

黎明时分，作为一滴水，我来到了喧腾奔流的金沙江边，跃入江流，奔向大海。我知道，作为一滴水，我终于以水的方式走过了丽江。

141

海燕

高尔基

在苍茫的大海上，狂风卷集着乌云。在乌云和大海之间，海燕像黑色的闪电，在高傲地飞翔。

一会儿翅膀碰着波浪，一会儿箭一般地直冲向乌云，它叫喊着，——就在这鸟儿勇敢的叫喊声里，乌云听出了欢乐。

在这叫喊声里——充满着对暴风雨的渴望！在这叫喊声里，乌云听出了愤怒的力量、热情的火焰和胜利的信心。

海鸥在暴风雨来临之前呻吟着，——呻吟着，它们在大海上飞窜，想把自己对暴风雨的恐惧，掩藏到大海深处。

海鸭也在呻吟着，——它们这些海鸭啊，享受不了生活的战斗的欢乐：轰隆隆的雷声就把它们吓坏了。

蠢笨的企鹅，胆怯地把肥胖的身体躲藏在悬崖底下……只有那高傲的海燕，勇敢地，自由自在地，在泛起白沫的大海上飞翔！

乌云越来越暗，越来越低，向海面直压下来，而波浪一边歌唱，一边冲向高空，去迎接那雷声。

雷声轰响。波浪在愤怒的飞沫中呼叫，跟狂风争鸣。看吧，狂风紧紧抱起一层层巨浪，恶狠狠地把它们甩到悬崖上，把这些大块的翡翠摔成尘雾和碎末。

海燕叫喊着，飞翔着，像黑色的闪电，箭一般地穿过乌云，翅膀掠起波浪的飞沫。

看吧，它飞舞着，像个精灵，——高傲的、黑色的暴风雨的精灵，——它在大笑，它又在号叫……它笑那些乌云，它因为欢乐而号叫！

这个敏感的精灵，——它从雷声的震怒里，早就听出了困乏，它深信，乌云遮不住太阳，——是的，遮不住的！

狂风吼叫……雷声轰响……

一堆堆乌云，像青色的火焰，在无底的大海上燃烧。大海抓住闪电的箭光，把它们熄灭在自己的深渊里。这些闪电的影子，活像一条条火蛇，在大海里蜿蜒游动，一晃就消失了。

——暴风雨！暴风雨就要来啦！

这是勇敢的海燕，在怒吼的大海上，在闪电中间，高傲地飞翔；这是胜利的预言家在叫喊：

——让暴风雨来得更猛烈些吧！

（译者　戈宝权）

往事

冰心

每次拿起笔来,头一件事忆起的就是海。我嫌太单调了,常常因此搁笔。

每次和朋友们谈话,谈到风景,海波又侵进谈话的岸线里,我嫌太单调了,常常因此默然,终于无语。

一次和弟弟们在院子里乘凉,仰望天河,又谈到海。我想索性今夜彻底的谈一谈海,看词锋到何时为止,联想至何上为极。

我们说着海潮,海风,海舟……最后便谈到海的女神。

涵说,"假如有位海的女神,她一定是'艳如桃李,冷若冰霜'的。"我不觉笑问,"这话怎讲!"

涵也笑道,"你看云霞的海上,何等明媚;风雨的海上,又是何等的阴沉!"

杰两手抱膝凝听着,这时便运用他最丰富的想象力,指点着说:"她……她住在灯塔的岛上,海霞是她的扇旗,海鸟是她的侍从;夜里她曳着白衣蓝裳,头上插着新月的梳子,胸前挂着明星的璎珞;翩翩地飞行于海波之上……"

楫忙问,"大风的时候呢?"杰道:"她驾着风车,狂飙疾转的在怒涛上驱走;她的长袖拂没了许多帆舟。下雨的时候,便是她忧愁了,落泪了,大海上一切都低头静默着。黄昏的时候,霞光灿然,便是她回波电笑,云发飘扬,丰神轻柔而潇洒……"

这一番话,带着画意,又是诗情,使我神往,使我微笑。

楫只在小椅子上,挨着我坐着,我抚着他,问,"你的话必是更好了,说出来让我们听听!"他本静静地听着,至此便抱着我的臂儿,笑道,"海太大了,我太小了,我不会说。"

我肃然——涵用折扇轻轻的击他的手,笑说,"好一个小哲学家!"

涵道:"姊姊,该你说一说了。"我道,"好的都让你们说尽了——我只希望我们都像海!"

杰笑道,"我们不配做女神,也不要'艳如桃李,冷若冰霜'的。"

他们都笑了——我也笑说,"不是说做女神,我希望我们都做个'海化'的青年。像涵说的,海是温柔而沉静。杰说的,海是超绝而威严。楫说的更好了,海是神秘而有容,也是虚怀,也是广博……"

我的话太乏味了,楫的头渐渐的从我臂上垂下去,我扶住了,回身轻轻地将他放在竹榻上。

涵忽然说:"也许是我看的书太少了,中国的诗里,咏海的真是不多;可惜这么一个古国,上下数千年,竟没有一个'海化'的诗人!"

从诗人上,他们的谈锋便转移到别处去了——我只默默的守着楫坐着,刚才的那些话,只在我心中,反复地寻味——思想。

谈生命

冰心

　　我不敢说生命是什么，我只能说生命像什么。

　　生命像向东流的一江春水，他从生命最高处发源，冰雪是他的前身。他聚集起许多细流，合成一股有力的洪涛，向下奔注，他曲折地穿过了悬崖峭壁，冲倒了层沙积土，挟卷着滚滚的沙石，快乐勇敢地流走，一路上他享受着他所遭遇的一切——

　　有时候他遇到巉（chán）岩前阻，他愤激地奔腾了起来，怒吼着，回旋着，前波后浪地起伏催逼，直到冲倒了这危崖，他才心平气和地一泻千里。

　　有时候他经过了细细的平沙，斜阳芳草里，看见了夹岸红艳的桃花，他快乐而又羞怯，静静地流着，低低地吟唱着，轻轻地度过这一段浪漫的行程。有时候他遇到暴风雨，这激电，这迅雷，使他的心魂惊骇，疾风吹卷起他，大雨击打着他，他暂时浑浊了，扰乱了，而雨过天晴，只加给他许多新生的力量。

　　有时候他遇到了晚霞和新月，向他照耀，向他投影，清冷中带些幽幽的温暖：这时他只想憩息，只想睡眠，而那股前进的力量，仍催逼着他向前走……

　　终于有一天，他远远地望见了大海，啊！他已到了行程的终结，这大海，使他屏息，使他低头。她多么辽阔，多么伟大！多么光明，又多么黑暗！大海庄严的伸出臂儿来接引他，他一声不响地流入她的怀里。他消融了，归化了，说不上快乐，也没有悲哀！

　　也许有一天，他再从海上蓬蓬的雨点中升起，飞向西来，再形成一道江流，再冲倒两旁的石壁，再来寻夹岸的桃花。

　　然而我不敢说来生，也不敢信来生！

生命又像一棵小树，他从地底聚集起许多生力，在冰雪下欠伸，在早春润湿的泥土中，勇敢快乐地破壳出来。他也许长在平原上，岩石中，城墙上，只要他抬头看见了天，呵！看见了天！他便伸出嫩叶来吸收空气，承受日光，在雨中吟唱，在风中跳舞。他也许受着大树的荫遮，也许受着大树的覆压，而他青春生长的力量，终使他穿枝拂叶地挣脱了出来，在烈日下挺立抬头！

他过着骄奢的春天，他也许开出满树的繁花，蜂蝶围绕着他飘翔喧闹，小鸟在他枝头欣赏唱歌，他会听见黄莺清吟，杜鹃啼血，也许还听见枭鸟的怪嗥。

他长到最茂盛的中年，他伸展出他如盖的浓荫，来荫庇树下的幽花芳草，他结出累累的果实，来呈现大地无尽的甜美与芳馨。

秋风起了，将他的叶子，由浓绿吹到绯红，秋阳下他再有一番的庄严灿烂，不是开花的骄傲，也不是结果的快乐，而是成功后的宁静和怡悦！

终于有一天，冬天的朔风，把他的黄叶干枝，卷落吹抖，他无力的在空中旋舞，在根下呻吟，大地庄严地伸出手儿来接引他，他一声不响的落在她的怀里。他消融了，归化了，他说不上快乐，也没有悲哀！

也许有一天，他再从地下的果仁中，破裂了出来，又长成一棵小树，再穿过丛莽的严遮，再来听黄莺的歌唱。

然而我不敢说来生，也不敢信来生！

宇宙是一个大生命，我们是宇宙大气中之一息。江流入海，叶落归根，我们是大生命中之一叶，大生命中之一滴。

在宇宙的大生命中，我们是多么卑微，多么渺小，而一滴一叶，也有它自己的使命！

要知道：生命的象征是活动，是生长，一滴一叶的活动生长，合成了整个宇宙的进化运行。

要记住：不是每一道江流都能入海，不流动的便成了死湖；不是每一粒种子都能成树，不生长的便成了空壳！

生命中不是永远快乐，也不是永远痛苦，快乐和痛苦是相生相成的。等于水道要经过不同的两岸，树木要经过常变的四时。

在快乐中我们要感谢生命，在痛苦中我们也要感谢生命。快乐固然兴奋，苦痛又何尝不美丽？我曾读到一个警句，是："愿你生命中有够多的云翳，来造成一个美丽的黄昏。"——（May there be enough clouds in your life to make a beautiful sunset.）

世界，国家和个人生命中的云翳，没有比今天再多的了。

小橘灯

冰心

这是十几年以前的事了。

在一个春节前一天的下午，我到重庆郊外去看一位朋友。她住在那个乡村的乡公所楼上。走上一段阴暗的仄仄的楼梯，进到一间有一张方桌和几张竹凳、墙上装着一架电话的屋子，再进去就是我的朋友的房间，和外间只隔一幅布帘。她不在家，窗前桌上留着一张条子，说是她临时有事出去，叫我等着她。

我在她桌前坐下，随手拿起一张报纸来看，忽然听见外屋板门吱的一声开了，过了一会儿，又听见有人在挪动那竹凳子。我掀开帘子，看见一个小姑娘，只有八九岁光景，瘦瘦的苍白的脸，冻得发紫的嘴唇，头发很短，穿一身很破旧的衣裤，光脚穿一双草鞋，正在登上竹凳想去摘墙上的听话器，看见我似乎吃了一惊，把手缩了回来。我问她："你要打电话吗？"她一面爬下竹凳，一面点头说："我要××医院，找胡大夫，我妈妈刚才吐了许多血！"我问："你知道××医院的电话号码吗？"她摇了摇头说："我正想问电话局……"我赶紧从机旁的电话本子里找到医院的号码，就又问她："找到了大夫，我请他到谁家去呢？"她说："你只要说王春林家里病了，他就会来的。"

我把电话打通了，她感激地谢了我，回头就走。我拉住她问："你的家远吗？"她指着窗外说："就在山窝那棵大黄果树下面，一下子就走到的。"说着就噔、噔、噔地下楼去了。

我又回到里屋去，把报纸前前后后都看完了，又拿起一本《唐诗三百首》来，看了一半，天色越发阴沉了，我的朋友还不回来。我无聊地站了起来，望着窗外浓雾里迷茫的山景，看到那棵黄果树下面的小屋，忽然想去探望那个小姑娘和她生病的妈妈。我下楼在门口买了几个大红橘子，塞在手提袋里，顺着歪斜不平的石板路，走到那小屋的门口。

　　我轻轻地叩着板门，刚才那个小姑娘出来开了门，抬头看了我，先愣了一下，后来就微笑了，招手叫我进去。这屋子很小很黑，靠墙的板铺上，她的妈妈闭着眼平躺着，大约是睡着了，被头上有斑斑的血痕，她的脸向里侧着，只看见她脸上的乱发和脑后的一个大髻。门边一个小炭炉，上面放着一个小沙锅，微微地冒着热气。这小姑娘把炉前的小凳子让我坐了，她自己就蹲在我旁边。不住地打量我。我轻轻地问："大夫来过了吗？"她说："来过了，给妈妈打了一针……她现在很好。"她又像安慰我似的说："你放心，大夫明早还要来的。"我问："她吃过东西吗？这锅里是什么？"她笑说："红薯稀饭——我们的年夜饭。"我想起了我带来的橘子，就拿出来放在床边的小矮桌上。她没有作声，只伸手拿过一个最大的橘子来，用小刀削去上面的一段皮，又用两只手把底下的一大半轻轻地揉捏着。

　　我低声问："你家还有什么人？"她说："现在没有什么人，我爸爸到外面去了……"她没有说下去，只慢慢地从橘皮里掏出一瓣一瓣的橘瓣儿来，放在她妈妈的枕头边。

　　炉火的微光，渐渐地暗了下去，外面变黑了。我站起来要走，她拉住我，一面极其敏捷地拿过穿着麻线的大针，把那小橘碗四周相对地穿起来，像一个小筐似的，用一根小竹棍挑着，又从窗台上拿了一段短短的蜡头，放在里面点起来，递给我说："天黑了，路滑，这盏小橘灯照你上山吧！"

　　我赞赏地接过，谢了她，她送我出到门外，我不知道说什么好，她又像安慰我似的说："不久，我爸爸一定会回来的。那时我妈妈就会好了。"她用小手在面前画一个圆圈，最后按到我的手上："我们大家也都好了！"显然地，这"大家"也包括我在内。

我提着这灵巧的小橘灯，慢慢地在黑暗潮湿的山路上走着。这朦胧的橘红的光，实在照不了多远，但这小姑娘的镇定、勇敢、乐观的精神鼓舞了我，我似乎觉得眼前有无限光明！

我的朋友已经回来了，看见我提着小橘灯，便问我从哪里来。我说："从……从王春林家来。"她惊异地说："王春林，那个木匠，你怎么认得他？去年山下医学院里，有几个学生，被当作共产党抓走了，以后王春林也失踪了，据说他常替那些学生送信……"

当夜，我就离开那山村，再也没有听见那小姑娘和她母亲的消息。

但是从那时起，每逢春节，我就想起那盏小橘灯。十二年过去了，那小姑娘的爸爸一定早回来了。她妈妈也一定好了吧？因为我们"大家"都"好"了！

荷叶·母亲

冰心

父亲的朋友送给我们两缸莲花,一缸是红的,一缸是白的,都摆在院子里。

八年之久,我没有在院子里看莲花了——但故乡的园院里,却有许多;不但有并蒂的,还有三蒂的,四蒂的,都是红莲。

九年前的一个月夜,祖父和我在园里乘凉。祖父笑着和我说:"我们园里最初开三蒂莲的时候,正好我们大家庭中添了你们三个姊妹。大家都欢喜,说是应了花瑞。"

半夜里听见繁杂的雨声,早起是浓阴的天,我觉得有些烦闷。从窗内往外看时,那一朵白莲已经谢了,白瓣儿小船般散漂在水面。梗上只留个小小的莲蓬和几根淡黄色的花须。那一朵红莲,昨夜还是菡萏的,今晨却开满了,亭亭地在绿叶中间立着。

仍是不适意!——徘徊了一会子,窗外雷声作了,大雨接着就来,愈下愈大。那朵红莲,被那繁密的雨点,打得左右欹斜。在无遮蔽的天空之下,我不敢下阶去,也无法可想。

对屋里母亲唤着,我连忙走过去,坐在母亲旁边——一回头忽然看见红莲旁边的一个大荷叶,慢慢地倾侧了来,正覆盖在红莲上面……我不宁的心绪散尽了!

雨势并不减退,红莲却不摇动了。雨点不住地打着,只能在那勇敢慈怜的荷叶上面,聚了些流转无力的水珠。

我心中深深地受了感动——

母亲啊!你是荷叶,我是红莲。心中的雨点来了,除了你,谁是我在无遮拦天空下的荫蔽?

好的故事

鲁迅

灯火渐渐地缩小了,在预告石油的已经不多;石油又不是老牌,早熏得灯罩很昏暗。鞭爆的繁响在四近,烟草的烟雾在身边:是昏沉的夜。

我闭了眼睛,向后一仰,靠在椅背上;捏着《初学记》的手搁在膝髁上。

我在蒙胧中,看见一个好的故事。

这故事很美丽,幽雅,有趣。许多美的人和美的事,错综起来像一天云锦,而且万颗奔星似的飞动着,同时又展开去,以至于无穷。

我仿佛记得曾坐小船经过山阴道,两岸边的乌桕,新禾,野花,鸡,狗,丛树和枯树,茅屋,塔,伽蓝,农夫和村妇,村女,晒着的衣裳,和尚,蓑笠,天,云,竹,……都倒影在澄碧的小河中,随着每一打桨,各各夹带了闪烁的日光,并水里的萍藻游鱼,一同荡漾。诸影诸物,无不解散,而且摇动,扩大,互相融和;刚一融和,却又退缩,复近于原形。边缘都参差如夏云头,镶着日光,发出水银色焰。凡是我所经过的河,都是如此。

我所见的故事也如此。水中的青天的底子,一切事物统在上面交错,织成一篇,永是生动,永是展开,我看不见这一篇的结束。

河边枯柳树下的几株瘦削的一丈红,该是村女种的罢。大红花和斑红花,都在水里面浮动,忽而碎散,拉长了,如缕缕的胭脂水,然而没有晕。茅屋,狗,塔,村女,云,……也都浮动着。大红花一朵朵全被拉长了,这时是泼刺奔迸的红锦带。带织入狗中,狗织入白云中,白云织入村女中……在一瞬间,他们又将退缩了。

但斑红花影也已碎散，伸长，就要织进塔，村女，狗，茅屋，云里去。

现在我所见的故事清楚起来了，美丽，幽雅，有趣，而且分明。青天上面，有无数美的人和美的事，我一一看见，一一知道。

我就要凝视他们……

我正要凝视他们时，骤然一惊，睁开眼，云锦也已皱蹙，凌乱，仿佛有谁掷一块大石下河水中，水波陡然起立，将整篇的影子撕成片片了。我无意识地赶忙捏住几乎坠地的《初学记》，眼前还剩着几点虹霓色的碎影。

我真爱这一篇好的故事，趁碎影还在，我要追回他，完成他，留下他。我抛了书，欠身伸手去取笔，——何尝有一丝碎影，只见昏暗的灯光，我不在小船里了。

但我总记得见过这一篇好的故事，在昏沉的夜……

一九五二年二月二十四日

从百草园到三味书屋

鲁迅

我家的后面有一个很大的园,相传叫作百草园。现在是早已并屋子一起卖给朱文公的子孙了,连那最末次的相见也已经隔了七八年,其中似乎确凿只有一些野草;但那时却是我的乐园。

不必说碧绿的菜畦,光滑的石井栏,高大的皂荚树,紫红的桑椹;也不必说鸣蝉在树叶里长吟,肥胖的黄蜂伏在菜花上,轻捷的叫天子(云雀)忽然从草间直窜向云霄里去了。单是周围的短短的泥墙根一带,就有无限趣味。油蛉在这里低唱,蟋蟀们在这里弹琴。翻开断砖来,有时会遇见蜈蚣;还有斑蝥,倘若用手指按住它的脊梁,便会拍的一声,从后窍喷出一阵烟雾。何首乌藤和木莲藤缠络着,木莲有莲房一般的果实,何首乌有拥肿的根。有人说,何首乌根是有像人形的,吃了便可以成仙,我于是常常拔它起来,牵连不断地拔起来,也曾因此弄坏了泥墙,却从来没有见过有一块根像人样。如果不怕刺,还可以摘到覆盆子,像小珊瑚珠攒成的小球,又酸又甜,色味都比桑椹要好得远。

……

出门向东,不上半里,走过一道石桥,便是我的先生的家了。从一扇黑油的竹门进去,第三间是书房。中间挂着一块扁道:三味书屋;扁下面是一幅画,画着一只很肥大的梅花鹿伏在古树下。没有孔子牌位,我们便对着那扁和鹿行礼。第一次算是拜孔子,第二次算是拜先生。

第二次行礼时,先生便和蔼地在一旁答礼。他是一个高而瘦的老人,须发都花白了,还戴着大眼镜。我对他很恭敬,因为我早听

155

到，他是本城中极方正，质朴，博学的人。

不知从那里听来的，东方朔也很渊博，他认识一种虫，名曰"怪哉"，冤气所化，用酒一浇，就消释了。我很想详细地知道这故事，但阿长是不知道的，因为她毕竟不渊博。现在得到机会了，可以问先生。

"先生，'怪哉'这虫，是怎么一回事？……"我上了生书，将要退下来的时候，赶忙问。

"不知道！"他似乎很不高兴，脸上还有怒色了。

我才知道做学生是不应该问这些事的，只要读书，因为他是渊博的宿儒，决不至于不知道，所谓不知道者，乃是不愿意说。年纪比我大的人，往往如此，我遇见过好几回了。

我就只读书，正午习字，晚上对课。先生最初这几天对我很严厉，后来却好起来了，不过给我读的书渐渐加多，对课也渐渐地加上字去，从三言到五言，终于到七言。

…………

他有一条戒尺，但是不常用，也有罚跪的规则，但也不常用，普通总不过瞪几眼，大声道：

"读书！"

于是大家放开喉咙读一阵书，真是人声鼎沸。有念"仁远乎哉我欲仁斯仁至矣"的，有念"笑人齿缺曰狗窦大开"的，有念"上九潜龙勿用"的，有念"厥土下上上错厥贡苞茅橘柚"的……。先生自己也念书。后来，我们的声音便低下去，静下去了，只有他还大声朗读着：

"铁如意，指挥倜傥，一座皆惊呢～～；金叵罗，颠倒淋漓噫，千杯未醉嗬～～……"

我疑心这是极好的文章，因为读到这里，他总是微笑起来，而且将头仰起，摇着，向后面拗过去，拗过去。
....

九月十八日

再塑生命的人

海伦·凯勒

老师安妮·莎莉文来到我家的这一天，是我一生中最重要的一天。这是1887年3月3日，当时我才六岁零九个月。回想此前和此后截然不同的生活，我不能不感慨万分。

那天下午，我默默地站在走廊上。从母亲的手势以及家人的来去匆忙中，我猜想一定有什么不寻常的事要发生。因此，我安静地走到门口，站在台阶上等待着。

下午的阳光穿透遮满门廊的金银花叶子，照射到我仰着的脸上。我的手指搓捻着花叶，抚弄着那些为迎接南方春天而绽开的花朵。我不知道未来将有什么奇迹发生，当时的我，经过数个星期的愤怒、苦恼，已经疲倦不堪了。

朋友，你可曾在茫茫大雾中航行过，在雾中神情紧张地驾驶着一条大船，小心翼翼地缓慢地向对岸驶去？你的心怦怦直跳，唯恐意外发生。在接受教育之前，我正像大雾中的航船，既没有指南针也没有探测仪，无从知道海港已经非常临近。我心里无声地呼喊着："光明！光明！快给我光明！"恰恰正在此时，爱的光明照到了我的身上。

我觉得有脚步向我走来，以为是母亲，立刻伸出双手。一个人握住了我的手，把我紧紧地抱在怀中。我似乎能感觉得到，她就是那个来对我启示世间的真理、给我深切的爱的人——安妮·莎莉文老师。

第二天早晨，莎莉文老师带我到她的房间，给了我一个洋娃娃。后来我才知道，那是柏金斯盲人学校的学生赠送的。衣服是由年老的萝拉亲手缝制的。我玩了一会儿布娃娃，莎莉文小姐拉起我的手，在手掌上慢慢地拼写"doll"这个词，这个举动让我对手指游戏产生了兴趣，并且模仿着在她手上画。当我最后能正确地拼写这个词时，我自豪极了，高兴得脸都涨红了，立即跑下楼去，找到母亲，拼写给她看。

我并不知道这就是在写字，甚至也不知道世界上有文字这种东西。我不过是依样画葫芦模仿莎莉文老师的动作而已。从此以后，以这种不求甚解的方式，我学会了拼写"别针"（pin）、"杯子"（cup）以及"坐"（sit）、"站"（sfand）、"行"（walk）这些词。世间万物都有自己的名字，这是在老师教了我几个星期以后，我才领悟到的。

有一天，莎莉文小姐给我一个更大的新玩具娃娃，同时也把原来那个布娃娃拿来放在我的膝上，然后在我手上拼写"doll"这个词，用意在于告诉我这个大的玩具娃娃和小布娃娃一样都叫作"doll"。

这天上午，我和莎莉文老师为"杯"和"水"这两个词发生了争执。她想让我懂得"杯"是"杯"，"水"是"水"，而我却把两者混为一谈，"杯"也是"水"，"水"也是"杯"。她没有办法，只好暂时丢开这个问题，重新练习"doll"这个词。我实在有些不耐烦了，抓起新玩具娃娃就往地上摔，把它摔碎了，心中觉得特别痛快。发这种脾气，我既不惭愧，也不悔恨，我对玩具娃娃并没有爱。在我的那个寂静而又黑暗的世界里，根本就不会有温柔和同情。莎莉文小姐把可怜的玩具娃娃的碎布扫到炉子边，然后把我的帽子递给我，我知道又可以到外面暖和的阳光里去了。

我们沿着小路散步到井房，房顶上盛开的金银花芬芳扑鼻。莎莉文老师把我的一只手放在喷水口下，一股清凉的水在我手上流过。她在我的另一只手上拼写"water"——"水"，起先写得很慢，第二遍就写得快一些。我静静地站着，注意她手指的动作。突然间，我恍然大悟，有一种神奇的感觉在我脑中激荡，我一下子理解了语言文字的奥秘了，知道了"水"这个词就是正在我手上流过的这种清凉而奇妙的东西。

水唤醒了我的灵魂，并给予我光明、希望、快乐和自由。

井房的经历使我求知的欲望油然而生。啊！原来宇宙万物都各有名称，每个名称都能启发我新的思想。我开始以充满好奇的眼光看待每一样东西。回到屋里，碰到的东西似乎都有了生命。我想起了那个被我摔坏的玩具娃娃，摸索着来到炉子跟前，捡起碎片，想把它们拼凑起来，但怎么也拼不好。想起刚才的所作所为，我悔恨莫及，两眼浸满了泪水，这是生平第一次。

那一天，我学会了不少词，譬如"父亲"（father）、"母亲"（mother）、"妹妹"（sister）、"老师"（teacher）等。这些词使整个世界在我面前变得花团锦簇，美不胜收。记得那个美好的夜晚，我独自躺在床上，心中充满了喜悦，企盼着新的一天快些来到。啊！世界上还有比我更幸福的孩子吗？

（译者　李汉昭）

第十二章 现当代诗歌

西风颂（节选）
雪莱

把我当作你的竖琴，当作那树丛：
尽管我的叶落了，那有什么关系！
你那非凡和谐的慷慨激越之情
定能从森林和我同奏出深沉的秋韵，
甜美而带苍凉。给我你迅猛的劲头，
狂暴的精灵！化成我吧，借你的锋芒！

请把我尘封的思想散落在宇宙
让它像枯叶一样促成新的生命！
哦，请听从这一篇符咒似的诗歌，
就把我的心声，像是灰烬和火星
从还未熄灭的炉火向人间播散！
让预言的喇叭通过我的嘴巴
把昏睡的大地唤醒吧！哦，西风啊，
如果冬天来了，春天还会远吗？

从前慢
木心

记得早先少年时

大家诚诚恳恳

说一句是一句

清早上火车站

长街黑暗无行人

卖豆浆的小店冒着热气

从前的日色变得慢

车、马、邮件都慢

一生只够爱一个人

从前的锁也好看

钥匙精美有样子

你锁了，人家就懂了

我爱这土地

艾青

假如我是一只鸟,
我也应该用嘶哑的喉咙歌唱:
这被暴风雨所打击着的土地,
这永远汹涌着我们的悲愤的河流,
这无止息地吹刮着激怒的风,
和那来自林间的无比温柔的黎明……
——然后我死了,
连羽毛也腐烂在土地里面。
为什么我的眼里常含泪水?
因为我对这土地爱得深沉……

1938年11月17日

囚歌

叶挺

为人进出的门紧锁着，
为狗爬走的洞敞开着，
一个声音高叫着：
爬出来呵，给你自由！
我渴望着自由，
但也深知道——
人的躯体哪能由狗的洞子爬出！
我只能期待着，
那一天——
地下的火冲腾，
把这活棺材和我一齐烧掉，
我应该在烈火和热血中得到永生。

花之歌

纪伯伦

我是大自然的话语，大自然说出来，又收回去，藏在心间，然后又说一遍……

我是星星，从苍穹坠落在绿茵中。

我是诸元素之女：冬将我孕育，春使我开放，夏让我成长，秋令我昏昏睡去。

我是亲友之间交往的礼品，我是婚礼的冠冕，我是生者赠予死者最后的祭献。

清早，我同晨风一道将光明欢迎；傍晚，我又与群鸟一起为它送行。

我在原野上摇曳，使原野风光更加旖旎；我在清风中呼吸，使清风芬芳馥郁。我微睡时，黑夜星空的千万颗亮晶晶的眼睛对我察看；我醒来时，白昼的那只硕大无朋的独眼向我凝视。

我饮着朝露酿成的琼浆，听着小鸟的鸣啭、歌唱；我婆娑起舞，芳草为我鼓掌。我总是仰望高空，对光明心驰神往；我从不顾影自怜，也不孤芳自赏。而这些哲理，人类尚未完全领悟。

（译者　仲跻昆）

金色花

泰戈尔

假如我变成了一朵金色花,只是为了好玩,长在那棵树的高枝上,笑嘻嘻地在空中摇摆,又在新叶上跳舞,妈妈,你会认识我吗?

你要是叫道:"孩子,你在哪里呀?"我暗暗地在那里匿笑,却一声儿不响。

我要悄悄地开放花瓣儿,看着你工作。

当你沐浴后,湿发披在两肩,穿过金色花的林荫,走到你做祷告的小庭院时,你会嗅到这花香,却不知道这香气是从我身上来的。

当你吃过午饭,坐在窗前读《罗摩衍那》,那棵树的阴影落在你的头发与膝上时,我便要投我的小小的影子在你的书页上,正投在你所读的地方。

但是你会猜得出这就是你的孩子的小小影子吗?

当你黄昏时拿了灯到牛棚里去,我便要突然地再落到地上来,又成了你的孩子,求你讲个故事给我听。

"你到哪里去了,你这坏孩子?"

"我不告诉你,妈妈。"这就是你同我那时所要说的话了。

(译者 郑振铎)

母亲

泰戈尔

我不记得我的母亲
只是在游戏中间
有时仿佛有一段歌调
在我玩具上回旋
是她在晃动我的摇篮
所哼的那些歌调
我不记得我的母亲
但是在初秋的早晨
合欢花香在空气中浮动
庙殿里晨祷的馨香
仿佛向我吹来母亲的气息
我不记得我的母亲
只是当我从卧室的窗里
外望悠远的蓝天
我仿佛觉得
母亲凝住我的目光
布满了整个天空

（译者　郑振铎）

母亲
冰心

母亲呵!
天上的风雨来了,
鸟儿躲到它的巢里;
心中的风雨来了,
我只躲到你的怀里。

母亲
洛夫

母亲卑微如青苔

庄严如晨曦

柔如江南的水声

坚如千年的寒玉

举目时

她是皓皓明月

垂首时

她是莽莽大地

您的伟大凝结了我的血肉

您的伟大塑造了我的灵魂

您的一生是一次爱的航行

您用优美的年轮

编成一册散发油墨清香的日历

年年我都在您的深情里度过

在您的肩膀和膝头嬉戏

您是一棵大树

春天倚着您幻想

夏天倚着您繁荣

秋天倚着您成熟

冬天倚着您沉思

您那高大宽广的树冠

使四野永不荒野

母亲您给了我生命

您是抚育我成长的土地

在悲伤时您是慰藉

在沮丧时您是希望

在软弱时您是力量

在您小小海湾中躲避风雨

您为我开阔了视野

您是我永远的挚友生命的动力

您怀着爱怜谨慎地俯身守护

您尽情袒露明亮的胸襟

您旺盛的精力笑容坚强

您沸腾的血液奔流不息

让我沉浸在您的欢乐中

让我享受在您的温馨中

让我陶醉在您的双臂间

让我偎依在您的怀抱里

悠悠的云里有淡淡的诗

淡淡的诗里有绵绵的爱

绵绵的爱里有深深的情

深深的情里有浓浓的意

如果母亲是雨那我就是雨后的虹

如果母亲是月那我就是捧月的星

母亲是我生长的根

我是母亲理想的果

我长大了母亲的黑发却似枫叶上的

寒霜星星点点闪着银光

我深深地吻着那些岁月的痕迹

捧掬我一颗心献给您
愿芳香醇厚的甜蜜萦绕您的生活
愿我银铃般的笑声盈满您的眉间
愿我全部的祝福揉进您的心田
一片绿叶饱含它对根的情谊
一首颂歌浓缩我对您的敬爱
让您心中的花朵盛开如云
让芬芳伴您走过悠悠岁月

死水

闻一多

这是一沟绝望的死水，
清风吹不起半点漪沦。
不如多扔些破铜烂铁，
爽性泼你的剩菜残羹。

也许铜的要绿成翡翠，
铁罐上锈出几瓣桃花；
再让油腻织一层罗绮，
霉菌给他蒸出些云霞。

让死水酵成一沟绿酒，
漂满了珍珠似的白沫；
小珠们笑声变成大珠，
又被偷酒的花蚊咬破。

那么一沟绝望的死水，
也就夸得上几分鲜明。
如果青蛙耐不住寂寞，
又算死水叫出了歌声。

这是一沟绝望的死水，
这里断不是美的所在，
不如让给丑恶来开垦，
看他造出个什么世界。

梦想

兰斯顿·休斯

紧紧抓住梦想，
因为一旦梦想消亡，
生活就像折断翅膀的小鸟，
无法自由翱翔。
紧紧抓住梦想，
因为一旦梦想离开，
生活就会变成贫瘠荒芜的土地，
只有冰雪覆盖。

假如生活欺骗了你

普希金

假如生活欺骗了你，
不要悲伤，不要心急！
忧郁的日子里须要镇静：
相信吧，快乐的日子将会来临！

心儿永远向往着未来；
现在却常是忧郁！
一切都是瞬息，一切都将会过去；
而那过去了的，就会成为亲切的怀恋。

（译者　戈宝权）

十四行诗·十八

莎士比亚

我怎么能够把你比作夏天呢?
你比它可爱也比它温婉:
狂风把五月的花蕾摇撼,
夏天的足迹匆匆而去:
天上的眼睛有时照得太炽烈,
它那炳耀的金颜又常遭掩蔽:
被机缘或无常的天道所摧折,
没有芳艳不凋残或不销毁。
但是你的长夏永远不会凋歇,
你的美艳亦不会遭到损失,
死神也力所不及,
当你在不朽的诗里与时同长。
只要一天有人类,或人有眼睛,
这诗将长存,并赐予你生命。

我看

穆旦

我看一阵向晚的春风
悄悄揉过丰润的青草,
我看它们低首又低首,
也许远水荡起了一片绿潮;

我看飞鸟平展着翅翼
静静吸入深远的晴空里,
我看流云慢慢地红晕
无意沉醉了凝望它的大地。

哦,逝去的多少欢乐和忧戚,
我枉然在你的心胸里描画!
哦!多少年来你丰润的生命
永在寂静的谐奏里勃发。

也许远古的哲人怀着热望,
曾向你舒出咏赞的叹息,
如今却只见他生命的静流
随着季节的起伏而飘逸。

去吧,去吧,哦生命的飞奔,
叫天风挽你坦荡地漫游,
像鸟的歌唱,云的流盼,树的摇曳;

哦，让我的呼吸与自然合流！
让欢笑和哀愁洒向我心里，
像季节燃起花朵又把它吹熄。

1938年6月

再别康桥

徐志摩

轻轻的我走了,
正如我轻轻的来;
我轻轻的招手,
作别西天的云彩。

那河畔的金柳,
是夕阳中的新娘;
波光里的艳影,
在我的心头荡漾。

软泥上的青荇,
油油的在水底招摇;
在康河的柔波里,
我甘心做一条水草!

那榆荫下的一潭,
不是清泉,是天上虹;
揉碎在浮藻间,
沉淀着彩虹似的梦。

寻梦? 撑一支长篙,
向青草更青处漫溯,
满载一船星辉,

在星辉斑斓里放歌。
但我不能放歌，
悄悄是别离的笙箫；
夏虫也为我沉默，
沉默是今晚的康桥！

悄悄的我走了，
正如我悄悄的来；
我挥一挥衣袖，
不带走一片云彩。

你是人间的四月天
——一句爱的赞颂

林徽因

我说你是人间的四月天；
笑响点亮了四面风；轻灵
在春的光艳中交舞着变。

你是四月早天里的云烟，
黄昏吹着风的软，星子在
无意中闪，细雨点洒在花前。

那轻，那娉婷，你是，鲜妍
百花的冠冕你戴着，你是
天真，庄严，你是夜夜的月圆。

雪化后那片鹅黄，你像；新鲜
初放芽的绿，你是；柔嫩喜悦
水光浮动着你梦期待中白莲。

你是一树一树的花开，是燕
在梁间呢喃，——你是爱，是暖，
是希望，你是人间的四月天！

第十三章 现当代小说

《红岩》节选

罗文斌　杨益言

漆黑的夜空，像浸透了墨汁。

许多战友早挤到孙明霞身边。还有几个人，已悄悄守住了牢门和窗口。孙明霞急切地用耳语般的声音念道："1949年10月1日，毛主席在北京向全世界宣布，中华人民共和国成立了。"惊喜的人们，低声欢呼着："中国人民站起来了！"

一片欢乐的低呼，像股热流，汹涌澎湃，激荡着牢房，黑暗中，闪烁着一片晶亮的眼光。

"中华人民共和国国旗，是五星红旗，飘扬在天安门。""啊，五星红旗！""江姐！我们也有一面红旗呀！把它做成五星红旗。"这面残留着弹孔，染透斑斑血迹的红旗，是一位不知名的同志珍藏在一床旧棉絮里的。当红旗在大家眼前出现时，几只拿着针线的手，团团围了上来。江姐说："一颗金星绣在中央，光芒四射，象征着党。四颗小星摆在四方，祖国大地，一片光明，一齐解放！""对，就这么绣。"你一针，我一线，一针一线织绣出闪亮的金星。江姐凝望着刺绣中的五星红旗，她激动而又冷静。她看见了胜利，可也看见了集中营的最后斗争。

"江姐！"孙明霞双手捧起叠好的旗帜，走到缓缓地搓着线的江姐面前。"同志们希望你来宣布胜利的到来，也请你揭开这象征黎明和解放的战旗。"江姐双手接过红旗，迎风一抖，五颗晶亮的金星，立刻随着红旗飞舞。她的声音充满着幸福的感情："让五星红旗插遍祖国每一寸土地，也插进我们这座牢房。"随着江姐低呼的声浪，人们严肃地站了起来，凝望着闪光的旗帜。黎明在眼前招手，人们的心正随着红旗飘扬到远方。

"梆梆梆……"急促的梆声惊扰着魔窟中的黎明，在浓雾弥漫的深山野谷中四面回响。接着，是一阵阵急驶的汽车狂鸣。那飞快旋转的车轮，像碾在每个人心上。"要提人？"黑牢中传来一声惊问。"江雪琴！李青竹！收拾行李，马上转移。"特务喊道。江姐一听见叫她的名字，心里全都明白了。她站起来，走到墙边，拿起梳子，在微光中，对着墙上的破镜，像平时一样从容地梳理她的头发。江姐放下梳子，换上了蓝色的旗袍，又披起那件红色的绒线衣。她习惯地拍拍身上干净的衣服，再用手拉平旗袍上的一些褶痕，又弯下身去，拭擦鞋上的灰尘。女室里一个年轻的同志，抑制不住，倒在铺位上痛哭起来。"不要用泪眼告别……"江姐转身扶起哭泣的战友。李青竹点头微笑着，仰起头来，拖着断腿，迎向江姐。她们并肩走向牢门。

"同志们，再见！""江姐！……"人们向江姐她们扑了过去。江姐再一次告别了战友，转身跨出牢门，她扶着倔强地移动断腿的战友，在走廊上迈步向前，再也没有回头……

孔乙己

鲁迅

　　鲁镇的酒店的格局，是和别处不同的：都是当街一个曲尺形的大柜台，柜里面预备着热水，可以随时温酒。做工的人，傍午傍晚散了工，每每花四文铜钱，买一碗酒，——这是二十多年前的事，现在每碗要涨到十文，——靠柜外站着，热热的喝了休息；倘肯多花一文，便可以买一碟盐煮笋，或者茴香豆，做下酒物了，如果出到十几文，那就能买一样荤菜，但这些顾客，多是短衣帮，大抵没有这样阔绰。只有穿长衫的，才踱进店面隔壁的房子里，要酒要菜，慢慢地坐喝。

　　我从十二岁起，便在镇口的咸亨酒店里当伙计，掌柜说，我样子太傻，怕侍候不了长衫主顾，就在外面做点事罢。外面的短衣主顾，虽然容易说话，但唠唠叨叨缠夹不清的也很不少。他们往往要亲眼看着黄酒从坛子里舀出，看过壶子底里有水没有，又亲看将壶子放在热水里，然后放心：在这严重监督下，羼水也很为难。所以过了几天，掌柜又说我干不了这事。幸亏荐头的情面大，辞退不得，便改为专管温酒的一种无聊职务了。

　　我从此便整天的站在柜台里，专管我的职务。虽然没有什么失职，但总觉得有些单调，有些无聊。掌柜是一副凶脸孔，主顾也没有好声气，教人活泼不得；只有孔乙己到店，才可以笑几声，所以至今还记得。

　　孔乙己是站着喝酒而穿长衫的唯一的人。他身材很高大；青白脸色，皱纹间时常夹些伤痕；一部乱蓬蓬的花白的胡子。穿的虽然是长衫，可是又脏又破，似乎十多年没有补，也没有洗。他对人说话，总是满口之乎者也，教人半懂不懂的。因为他姓孔，别人便从描红纸上的"上大人孔乙己"这半懂不懂的话里，替他取下一个绰号，叫作孔乙己。孔乙己一到店，所有喝酒的人便都看着他笑，有的叫道："孔乙己，你脸上又添上新伤疤了！"他不回答，对柜里说："温两碗酒，要一碟茴香豆。"便排出九文大钱。他们又故意的高声嚷道："你一定又偷了人家的东西了！"孔乙己睁大眼睛说："你怎么这样凭空污人清白……""什么清白？我前天亲眼见你偷了何家的书，吊着打。"孔乙己便涨红了脸，额上的青筋条条绽出，争辩道："窃书不能算偷……窃书！……读书人的事，能算偷么？"接连便是难懂的话，什么"君子固穷"，什么"者乎"之类，引得众人都哄笑起来：店内外充满了快活的空气。

听人家背地里谈论，孔乙己原来也读过书，但终于没有进学，又不会营生；于是愈过愈穷，弄到将要讨饭了。幸而写得一笔好字，便替人家钞钞书，换一碗饭吃。可惜他又有一样坏脾气，便是好喝懒做。坐不到几天，便连人和书籍纸张笔砚，一齐失踪。如是几次，叫他钞书的人也没有了。孔乙己没有法，便免不了偶然做些偷窃的事。但他在我们店里，品行却比别人都好，就是从不拖欠；虽然间或没有现钱，暂时记在粉板上，但不出一月，定然还清，从粉板上拭去了孔乙己的名字。

孔乙己喝过半碗酒，涨红的脸色渐渐复了原，旁人便又问道："孔乙己，你当真认识字么？"孔乙己看着问他的人，显出不屑置辩的神气。他们便接着说道："你怎的连半个秀才也捞不到呢？"孔乙己立刻显出颓唐不安模样，脸上笼上了一层灰色，嘴里说些话；这回可是全是之乎者也之类，一些不懂了。在这时候，众人也都哄笑起来：店内外充满了快活的空气。

…………

有几回，邻居孩子听得笑声，也赶热闹，围住了孔乙己。他便给他们茴香豆吃，一人一颗。孩子吃完豆，仍然不散，眼睛都望着碟子。孔乙己着了慌，伸开五指将碟子罩住，弯腰下去说道："不多了，我已经不多了。"直起身又看一看豆，自己摇头说："不多不多！多乎哉？不多也。"于是这一群孩子都在笑声里走散了。

孔乙己是这样的使人快活，可是没有他，别人也便这么过。

有一天，大约是中秋前的两三天，掌柜正在慢慢的结账，取下粉板，忽然说："孔乙己长久没有来了。还欠十九个钱呢！"我才也觉得他的确长久没有来了。一个喝酒的人说道："他怎么会来？……他打折了腿了。"掌柜说："哦！""他总仍旧是偷。这一回，是自己发昏，竟偷到丁举人家里去了。他家的东西，偷得的么？""后来怎么样？""怎么样？先写服辩，后来是打，打了大半夜，再打折了腿。""后来呢？""后来打折了腿了。""打折了怎样呢？""怎样？……谁晓得？许是死了。"掌柜也不再问，仍然慢慢的算他的账。

中秋过后，秋风是一天凉比一天，看看将近初冬；我整天的靠着火，也须穿上棉袄了。一天的下半天，没有一个顾客，我正合了眼坐着。忽然间听得一个声音："温一碗酒。"这声音虽然极低，却很耳熟。看时又全没有人。站起来向外一望，那孔乙己便在柜台下对了门槛坐着。他脸上黑而且瘦，已经不成样子；穿一件破夹袄，盘着两腿，下面垫一个蒲包，用草绳在肩上挂住；见了我，又说道："温一碗酒。"掌柜也伸出头去，一面说："孔乙己么？你还欠十九个钱呢！"孔乙己很颓唐的仰面答道："这……下回还清罢。这一回是现钱，酒要好。"掌柜仍然同平常一样，笑着对他说："孔乙己，你又偷了东西了！"但他这回却不十分分辩，单说了一句"不要取笑！""取笑？要是不偷，怎么会打断腿？"孔乙己低声说道："跌断，跌，跌……"他的眼色，很像恳求掌柜，不要再提。此时已经聚集了几个人,便和掌柜都笑了。我温了酒,端出去,放在门槛上。他从破衣袋里摸出四文大钱,放在我手里,见他满手是泥,原来他便用这手走来的。不一会,他喝完酒,便又在旁人的说笑声中,坐着用这手慢慢走去了。

　　自此以后,又长久没有看见孔乙己。到了年关,掌柜取下粉板说:"孔乙己还欠十九个钱呢!"到第二年的端午,又说:"孔乙己还欠十九个钱呢!"到中秋可是没有说,再到年关也没有看见他。

　　我到现在终于没有见——大约孔乙己的确死了。

一九一九年三月

第十四章 警世名言

君子厚德

天行健，君子以自强不息；地势坤，君子以厚德载物。

——《周易》

人能常清静，天地悉皆归。 ——《清静经》

夫君子之行，静以修身，俭以养德。非澹泊无以明志，非宁静无以致远。 ——诸葛亮《诫子书》

君子之交淡如水。 ——《庄子》

言念君子，温其如玉。 ——《诗经》

海纳百川，有容乃大；壁立千仞，无欲则刚。 ——林则徐

宠辱不惊，闲看庭前花开花落；去留无意，漫随天外云卷云舒。

——《菜根谭》

一花一世界，一树一菩提，一方一净土，一笑一尘缘，一念一清净，心是莲花开。 ——佛典

君子坦荡荡，小人长戚戚。 ——《论语》

恻隐之心，仁之端也。 ——《孟子》

上善若水，水善利万物而不争。 ——《道德经》

不以物喜，不以己悲。 ——范仲淹《岳阳楼记》

勿以恶小而为之，勿以善小而不为。 ——刘备

仁者爱人，有礼者敬人。 ——《孟子》

与人善言，暖于布帛；伤人之言，深于矛戟。 ——《荀子》

己所不欲，勿施于人。 ——《论语》

兴于《诗》，立于礼，成于乐。 ——《论语》

坚持不懈

宝剑锋从磨砺出，梅花香自苦寒来。　　　——《警世贤文》

胜人者有力，自胜者强。　　　——老子《道德经》

冰冻三尺非一日之寒，水滴石穿非一日之功。　——《论衡》

精诚所至，金石为开。　　　——《庄子》

行百里者半于九十。　　　——《战国策》

锲而舍之，朽木不折；锲而不舍，金石可镂。　——《荀子》

天将降大任于是人也，必先苦其心志，劳其筋骨，饿其体肤。

——《孟子》

博观而约取，厚积而薄发。　　——苏轼《稼说送张琥》

故不积跬步，无以至千里；不积小流，无以成江海。

——荀子《劝学》

合抱之木，生于毫末；九层之台，起于累(lěi)土；千里之行，始于足下。　　　——老子《道德经》

千里之堤，溃于蚁穴。　　　——《韩非子》

失之毫厘，谬以千里。　　　——《礼记》

业精于勤，荒于嬉；行成于思，毁于随。

——韩愈《进学解》

志向梦想

有志者事竟成。　　　——《后汉书》

志当存高远。　　　——诸葛亮《诫外生书》

穷且益坚，不坠青云之志。　　　——王勃

有志则断不甘为下流。　　　——朱熹

路漫漫其修远兮，吾将上下而求索。　　　——屈原

长风破浪会有时，直挂云帆济沧海。　　——李白《行路难》

不飞则已，一飞冲天；不鸣则已，一鸣惊人。

——司马迁《史记》

燕雀安知鸿鹄之志。　　　　　　　　——司马迁《史记》

家国天下

人固有一死，或重于泰山，或轻于鸿毛。　　——司马迁

人生自古谁无死？留取丹心照汗青。　　　——文天祥

鞠躬尽瘁，死而后已。　　　　　　　　　——诸葛亮

捐躯赴国难，视死忽如归。　　　　　　　　——曹植

祖宗疆土，当以死守，不可以尺寸与人。　　——李纲

位卑未敢忘忧国。　　　　　　　　　　　　——陆游

苟利国家生死以，岂因祸福避趋之？　　　——林则徐

天下兴亡，匹夫有责。　　　　　　　　　——顾炎武

致君尧舜上，再使风俗淳。　　　　　　　　——杜甫

大道之行也，天下为公。　　　　　　　　——《礼记》

老吾老，以及人之老；幼吾幼，以及人之幼。——《孟子》

安得广厦千万间，大庇天下寒士俱欢颜！风雨不动安如山。

——杜甫

珍惜时间

子在川上曰："逝者如斯夫，不舍昼夜。"　　——《论语》

人生天地之间，若白驹之过郤，忽然而已。　——《庄子》

寄蜉蝣于天地，渺沧海之一粟。　　　——苏轼《赤壁赋》

三十功名尘与土，八千里路云和月。莫等闲，白了少年头，空悲切。　　　——岳飞《满江红》

一寸光阴一寸金，寸金难买寸光阴。　　——《增广贤文》

不饱食以终日，不弃功于寸阴。　　——葛洪《抱朴子》

盛年不重来，一日难再晨。及时当勉励，岁月不待人。

——陶渊明《杂诗》

一年之计在于春，一日之计在于晨。　　——萧绎《纂要》

尊师重道

桃李不言，下自成蹊。　　——司马迁《史记》

高山仰止，景行行止。虽不能至，然心向往之。

——司马迁《史记》

师者，所以传道授业解惑也。　　——韩愈《师说》

随风潜入夜，润物细无声。　　——杜甫《春夜喜雨》

春蚕到死丝方尽，蜡炬成灰泪始干。　　——李商隐《无题》

落红不是无情物，化作春泥更护花。

——龚自珍《己亥杂诗·其五》

十年树木，百年树人。　　——《管子》

一日为师，终身为父。

——罗振玉《鸣沙石室佚书·太公家教》

青出于蓝而胜于蓝。　　——荀子《劝学》

经师易求，人师难得。　　——《周书》

善之本在教，教之本在师。　　——李觏《广潜书》

玉壶存冰心，朱笔写师魂。谆谆如父语，殷殷似友亲。轻盈数

行字，浓抹一生人。寄望后来者，成功报师尊。　　——《冰心》

勤奋读书

　　读书百遍，而义自见（xiàn）。　　　　——《魏略》
　　读万卷书，行万里路。　　　　　　　　——董其昌
　　读书破万卷，下笔如有神。　　　　　　——杜甫
　　读书须用意，一字值千金。　　　　　　——《增广贤文》
　　余尝谓，读书有三到，谓心到，眼到，口到。　——朱熹
　　书犹药也，善读之可以医愚。　　　　　——《说苑》
　　风声，雨声，读书声，声声入耳；家事，国事，天下事，事事关心。　　　　　　　　　　　　　　——顾宪成
　　博学之，审问之，慎思之，明辨之，笃行之。　——《礼记》
　　读书不觉春已深，一寸光阴一寸金。　——《白鹿洞二首·其一》
　　吹灭读书灯，一身都是月。　　　　　　——孙玉石
　　鸟欲高飞先振翅，人求上进先读书　　　——李苦禅

知过则改

　　见善则迁，有过则改。　　　　　　　　——《周易》
　　过而不改，是谓过矣。　　　　　　　　——《论语》
　　人非圣贤，孰能无过？过而改之，善莫大焉。——《左传》
　　改过不吝，从善如流。　　　　　　　　——苏轼
　　以铜为镜，可以正衣冠；以古为镜，可以知兴替；以人为镜，可以明得失。　　　　　　　　　　——《魏征列传》

勤俭节约

居安思危,戒奢以俭。　　　　　　　　　——魏征

由俭入奢易,由奢入俭难。　　　　　　　——司马光

一粥一饭,当思来处不易;半丝半缕,恒念物力维艰。
　　　　　　　　　　　　　　　　　　——朱用纯

静以修身,俭以养德。　　　　　　　　　——诸葛亮

诚信之本

轻诺必寡信。　　　　　　　　　　　　——《道德经》

失信不立。　　　　　　　　　　　　　——《左传》

小信成则大信立。　　　　　　　　　　——《韩非子》

与朋友交,言而有信。　　　　　　　　——《论语》

人而无信,不知其可也。　　　　　　　——《论语》

若有人兮天一方,忠为衣兮信为裳。　　　——卢照邻

诚者,天之道也;思诚者,人之道也。　　——《孟子》

敬畏自然

山川之美,古来共谈。　　　　　　　　　——陶弘景

天地有大美而不言。　　　　　　　　　——《庄子》

江山风月,本无常主,闲者便是主人。　　　——苏轼

与谁同坐?明月,清风,我。　　　　　　——苏轼

何夜无月?何处无竹柏?但少闲人如吾两人者耳。
　　　　　　　　　　　　　　　　　　　——苏轼

195

竹杖芒鞋轻胜马，谁怕？一蓑烟雨任平生。　　　——苏轼

谦逊有礼

满招损，谦受益。　　　　　　　　　　——《尚书》
胜不骄，败不馁。　　　　　　　　　　——《商君书》
谦谦君子，温润如玉。　　　　　　——《易经》《诗经》
未出土时先有节，便凌云去也无心。　　——《咏竹》
见贤思齐焉，见不贤而内自省也。　　　——《论语》
知人者智，自知者明。　　　　　　　　——《道德经》
敦兮，其若朴；旷兮，其若谷。　　　　——《道德经》
和光同尘，与时舒卷。　　　　　　　　——《晋书》

第十五章 古文华章

爱莲说

周敦颐

水陆草木之花，可爱者甚①蕃②。晋陶渊明独爱菊。自李唐来，世人甚爱牡丹。予独爱莲之出淤泥③而不染，濯④清涟⑤而不妖⑥，中通外直，不蔓不枝⑦，香远益清⑧，亭亭净植，可远观而不可亵⑨玩焉。

予谓菊，花之隐逸者也；牡丹，花之富贵者也；莲，花之君子者也。噫！菊之爱，陶后鲜有闻。莲之爱，同予者何人？牡丹之爱，宜乎众矣！

【注释】

①甚：很，非常。

②蕃：多。

③淤（yū）泥：河沟、池塘里积存的污泥。

④濯（zhuó）：洗涤。

⑤清涟（lián）：水清而有微波，这里指清水。

⑥妖：艳丽，美好。

⑦不蔓（màn）不枝：不生蔓，不长枝。

⑧香远益清：香气远播，愈加使人感到清雅。

⑨亵（xiè）：亲近而不庄重。

【译文】

水上、陆地上各种草本木本的花，值得喜爱的非常多。晋代的陶渊明唯独喜爱菊花。从李氏唐朝以来，世人非常喜爱牡丹。我唯独喜爱莲花从积存的淤泥中长出却不被污染，经过清水的洗涤却不显得妖艳。（它的茎）中间贯通外形挺直，不生蔓，也不长枝。香气远播更显得清香，笔直洁净地竖立在水中。（人们）可以远远地观赏（莲），而不可轻易地玩弄它啊。

我认为菊花，是花中的隐士；牡丹，是花中的富贵者；莲花，是花中的君子。唉！对于菊花的喜爱，在陶渊明以后很少听到了。对于莲花的喜爱，和我一样的还有谁？（对于）牡丹的喜爱，人数当然就很多了！

陋室铭

刘禹锡

　　山不在高，有仙则名。水不在深，有龙则灵。斯是陋室①，惟吾德馨。苔痕上阶绿，草色入帘青②。谈笑有鸿儒③，往来无白丁④。可以调素琴，阅金经。无丝竹之乱耳，无案牍⑤之劳形。南阳诸葛庐，西蜀子云亭。孔子云何陋之有⑥？

【注释】

①斯是陋室：这是简陋的屋子。斯，指示代词，此，这。是，表肯定的判断动词。陋室，简陋的屋子，这里指作者自己的屋子。

②苔痕上阶绿，草色入帘青：苔痕碧绿，长到阶上；草色青葱，映入帘中。上，长到。入，映入。

③鸿儒：大儒，这里指博学的人。鸿，通"洪"，大。儒，旧指读书人。

④白丁：平民。这里指没有什么学问的人。

⑤案牍：（官府的）公文，文书。

⑥何陋之有：即"有何之陋"，属于宾语前置。之，助词，表示强烈的反问，宾语前置的标志，不译。全句译为：有什么简陋的呢？孔子说的这句话见于《论语·子罕》篇："君子居之，何陋之有？"这里以孔子之言，亦喻自己为"君子"，点明全文，这句话也是点睛之笔，全文的文眼。

【译文】

　　山不在于高，有了神仙就出名。水不在于深，有了龙就有了灵气。这是简陋的房子，只是我（住屋的人）品德好（就感觉不到简陋了）。长到台阶上的苔痕颜色碧绿，草色青葱，映入帘中。到这里谈笑的都是知识渊博的大学者，交往的没有知识浅薄的人。平时可以弹奏清雅的古琴，阅读泥金书写的佛经。没有奏乐的声音扰乱双耳，没有官府的公文使身体劳累。南阳有诸葛亮的草庐，西蜀有扬子云的亭子。孔子说："还有什么简陋的呢？"

小石潭记

柳宗元

从小丘西行百二十步，隔篁竹①，闻水声，如鸣珮环②，心乐之。伐竹取道，下见小潭，水尤清冽③。全石以为底④，近岸，卷石底以出⑤，为坻，为屿，为嵁，为岩⑥。青树翠蔓，蒙络摇缀，参差披拂⑦。

潭中鱼可百许头，皆若空游无所依⑧，日光下澈，影布石上。佁然不动，俶尔远逝，往来翕忽⑨，似与游者相乐。

潭西南而望，斗折蛇行，明灭可见。其岸势犬牙差互，不可知其源。

坐潭上，四面竹树环合，寂寥无人，凄神寒骨，悄怆幽邃。以其境过清，不可久居，乃记之而去。

同游者：吴武陵，龚古，余弟宗玄。隶而从者，崔氏二小生，曰恕己，曰奉壹。

【注释】

①篁竹：竹林。
②如鸣珮环：好像人身上佩带的佩环相碰击发出的声音。鸣，发出的声音。珮环，都是玉制的装饰品。
③水尤清冽：水格外清凉。尤，格外。清，清澈。冽，清澈。
④全石以为底：(潭)以整块石头为底。以为，把……当作……
⑤近岸，卷石底以出：靠近岸边，石头从水底向上弯曲露出水面。
⑥为坻，为屿，为嵁，为岩：成为坻、屿、嵁、岩各种不同的形状。坻，水中高地。屿，小岛。嵁，高低不平的岩石。岩，岩石。
⑦蒙络摇缀，参差披拂：(树枝藤蔓)遮掩缠绕，摇动下垂，参差不齐，随风飘拂。
⑧皆若空游无所依：(鱼)都好像在空中游动，什么依靠都没有。
⑨往来翕忽：来来往往轻快敏捷。翕忽，轻快敏捷的样子。

【译文】

　　从小丘向西走一百二十步，隔着竹林，能听到流水的声音，好像人身上佩带的珮环相互碰击发出的声音，心里十分高兴。砍倒竹子，开辟出一条道路（走过去），沿路走下去看见一个小潭，潭水格外清澈。小潭以整块石头为底，靠近岸边的地方，石底有些部分翻卷出来，露出水面，成为水中的高地，成为水中的小岛，成为水中的不平岩石，成为水中的悬崖。青翠的树木，翠绿的藤蔓，遮掩缠绕，摇动下垂，参差不齐，随风飘拂。

　　潭中的鱼有一百来条，都好像在空中游动，什么依靠都没有，阳光直照（到水底），（鱼的）影子映在石头上。（鱼）呆呆地（停在那里）一动不动，忽然间（又）向远处游去了，来来往往，轻快敏捷，好像和游玩的人互相取乐。

　　向小石潭的西南方望去，看到溪水像北斗星那样曲折，水流像蛇那样蜿蜒前行，一段明的看得见，一段暗的看不见。两岸的地势像狗的牙齿那样相互交错，不能知道溪水的源头。

　　我坐在潭边，四下里竹林和树木包围着，寂静寥落，空无一人。使人感到心情凄凉，寒气入骨，幽静深远，弥漫着忧伤的气息。因为这里的环境太凄清，不可长久停留，于是记下了这里的情景就离开了。

　　一同去游览的人有：吴武陵，龚古，我的弟弟宗玄。跟着同去的有姓崔的两个年轻人，一个名叫恕己，一个名叫奉壹。

三峡

郦道元

　　自三峡七百里中,两岸连山,略无阙处①。重岩叠嶂②,隐天蔽日,自非亭午夜分,不见曦③月。

　　至于夏水襄陵④,沿溯阻绝。或王命急宣,有时朝发白帝,暮到江陵,其间千二百里,虽乘奔御风,不以疾也。

　　春冬之时,则素湍绿潭⑤,回清倒影,绝巘多生怪柏,悬泉瀑布,飞漱其间,清荣峻茂⑥,良多趣味。

　　每至晴初霜旦,林寒涧肃,常有高猿长啸,属引凄异⑦,空谷传响,哀转久绝。故渔者歌曰:"巴东三峡巫峡长,猿鸣三声泪沾裳⑧。"

【注释】

①略无:毫无,完全没有。阙:同"缺",空隙缺口。
②嶂(zhàng):高而险峻的山峰。
③曦(xī):日光,这里指太阳。
④襄(xiāng):冲上,漫上。陵:大的土山,这里泛指山陵。
⑤素湍:白色的急流。素,白色的。绿潭:碧绿的潭水。
⑥清荣峻茂:水清,树荣(茂盛),山高,草盛。
⑦属引:连续不断。属(zhǔ),动词。连接。引,延长。凄异,凄凉怪异。
⑧裳(cháng):衣服。

【译文】

　　在三峡七百里之中,两岸都是连绵的高山,完全没有中断的地方;重重叠叠的悬崖峭壁,遮挡了天空和太阳。若不是在正午半夜的时候,连太阳和月亮都看不见。

　　等到夏天水涨,江水漫上小山丘的时候,下行或上行的船只都被阻挡了。有时候皇帝的命令要紧急传达,这时只要早晨从白帝城

202

出发，傍晚就到了江陵，这中间有一千二百里，即使骑上飞奔的马，驾着疾风，也不如它快。

等到春天和冬天的时候，就看见白色的急流，碧绿的潭水，回旋的清波，倒映着各种景物的影子。极高的山峰上生长着许多奇形怪状的柏树，山峰之间有悬泉瀑布，在之上飞流冲荡。水清，树荣，山高，草盛，确实趣味无穷。

在秋天，每到初晴的时候或下霜的早晨，树林和山涧显出一片清凉和寂静，经常有高处的猿猴拉长声音鸣叫，声音持续不断，非常凄凉怪异，空荡的山谷里传来猿叫的回声，悲鸣婉转，很久才消失。所以三峡中渔民的歌谣唱道："巴东三峡之中巫峡最长，猿猴鸣叫几声凄凉得令人眼泪打湿衣裳。"

答谢中书书

陶弘景

　　山川之美，古来共谈。高峰入云，清流见底。两岸石壁，五色交辉①。青林翠竹，四时俱备。晓雾将歇，猿鸟乱鸣；夕日欲颓②，沉鳞竞跃③。实是欲界之仙都④。自康乐⑤以来，未复有能与其奇者⑥。

【注释】

①五色交辉：这里形容石壁色彩斑斓，交相辉映。五色，古代以青、黄、黑、白、赤为正色。交辉，指交相辉映。

②夕日欲颓：太阳快要落山了。颓，坠落。

③沉鳞竞跃：潜游在水中的鱼争相跳出水面。沉鳞，潜游在水中的鱼。竞跃，竞相跳跃。

④实：确实，的确。欲界之仙都：即人间仙境。欲界，佛家语，佛教把世界分为欲界、色界、无色界。欲界是没有摆脱世俗的七情六欲的众生所处境界，即指人间。仙都，仙人生活在其中的美好世界。

⑤康乐：指南朝著名山水诗人谢灵运。他继承他祖父的爵位，被封为康乐公。

⑥复：又。与（yù）：参与，这里有欣赏领略之意。

【译文】

　　山川景色的美，自古以来就是文人雅士共同欣赏赞叹的。巍峨的山峰耸入云端，明净的溪流清澈见底。两岸的石壁色彩斑斓，交相辉映。青葱的林木，翠绿的竹丛，四季常存。清晨的薄雾将要消散的时候，传来猿、鸟此起彼伏的鸣叫声；夕阳快要落山的时候，潜游在水中的鱼儿争相跳出水面。这里实在是人间的仙境啊。自从南朝的谢灵运以来，就再也没有人能欣赏这种奇丽的景色了。

与朱元思书

吴均

　　风烟俱净①，天山共色。从流飘荡，任意东西。自富阳至桐庐一百许里，奇山异水，天下独绝。

　　水皆缥碧②，千丈见底。游鱼细石，直视无碍。急湍甚箭③，猛浪若奔④。

　　夹岸高山，皆生寒树，负势竞上，互相轩邈⑤，争高直指，千百成峰。泉水激石，泠泠作响⑥；好鸟相鸣，嘤嘤成韵⑦。蝉则千转不穷⑧，猿则百叫无绝。鸢飞戾天⑨者，望峰息心；经纶世务者，窥谷忘反。横柯上蔽，在昼犹昏；疏条交映，有时见日。

【注释】

①风烟俱净：烟雾都消散尽净。
②缥（piǎo）碧：原作"漂碧"，据其他版本改为此，青白色。
③急湍（tuān）：急流的水。急，迅速，又快又猛。湍，水势急速。
④奔：动词活用作名词，文中指飞奔的骏马。
⑤互相轩邈（miǎo）：意思是这些高山仿佛都在争着往高处和远处伸展。轩，向高处伸展。邈，向远处伸展。这两个形容词在这里活用为动词。
⑥泠（líng）泠作响：泠泠地发出声响。泠泠，拟声词，形容水声清越。
⑦嘤（yīng）嘤成韵：鸣声嘤嘤，和谐动听。嘤嘤，鸟鸣声。韵，和谐的声音。
⑧蝉则千转（zhuàn）不穷：蝉儿长久不断地鸣叫。则，助词，没有实在意义。千转，长久不断地叫。千，表示多，"千"与下文"百"都表示很多。转，通"啭"，鸟鸣声。这里指蝉鸣。穷，穷尽。
⑨鸢（yuān）飞戾（lì）天：出自《诗经·大雅·旱麓》。老鹰高飞入天，这里比喻追求名利极力攀高的人。鸢，俗称老鹰，善高飞，是

一种凶猛的鸟。

【译文】

　　风和烟都消散了，天和山变成相同的颜色。（我乘着船）随着江流漂荡，随流水东西漂流。从富阳到桐庐，一百里左右，奇异的山，灵异的水，天下独一无二。

　　水都是青白色的，清澈的水深千丈也可以看见底。游动的鱼儿和细小的石头，可直接看见，毫无障碍。湍急的水流比箭还快，凶猛的巨浪就像奔腾的骏马。

　　夹江两岸的高山上，都长着绿得透出寒意的树，山峦凭依着高峻的山势，争着向上，这些高山彼此都争着往高处和远处伸展，争着向上，笔直地向上形成了无数座山峰。泉水飞溅在山石之上，发出清越泠泠的响声；美丽的鸟相互和鸣，鸣声嘤嘤，和谐动听。蝉儿长久地叫个不停，猿猴也长时间地叫个不停。像凶猛的鸟飞到天上为名利极力追求高位的人，看到这些雄奇的山峰，追逐名利的心就会平静下来。那些整天忙于政务的人，看到这些幽美的山谷，就会流连忘返。横斜的树枝在上面遮蔽着，也像黄昏时那样阴暗；稀疏的枝条交相掩映，有时也可以见到阳光。

琵琶行

白居易

　　浔阳江头夜送客，枫叶荻花秋瑟瑟。主人下马客在船，举酒欲饮无管弦。醉不成欢惨将别，别时茫茫江浸月。

　　忽闻水上琵琶声，主人忘归客不发。寻声暗问弹者谁，琵琶声停欲语迟。移船相近邀相见，添酒回灯重开宴。千呼万唤始出来，犹抱琵琶半遮面。转轴拨弦三两声，未成曲调先有情。弦弦掩抑声声思，似诉平生不得志。低眉信手续续弹，说尽心中无限事。轻拢慢捻抹复挑，初为《霓裳》后《六幺》。大弦嘈嘈①如急雨，小弦切切②如私语。嘈嘈切切错杂弹，大珠小珠落玉盘。间关③莺语花底滑，幽咽④泉流冰下难。冰泉冷涩弦凝绝，凝绝不通声暂歇。别有幽愁暗恨生，此时无声胜有声。银瓶乍破水浆迸，铁骑突出刀枪鸣。曲终收拨当心画，四弦一声如裂帛。东船西舫悄无言，唯见江心秋月白。

　　沉吟放拨插弦中，整顿衣裳起敛容⑤。自言本是京城女，家在虾蟆陵⑥下住。十三学得琵琶成，名属教坊⑦第一部。曲罢曾教善才服，妆成每被秋娘妒。五陵年少争缠头⑧，一曲红绡⑨不知数。钿头银篦⑩击节碎，血色罗裙翻酒污。今年欢笑复明年，秋月春风等闲度。弟走从军阿姨死，暮去朝来颜色故。门前冷落鞍马稀，老大嫁作商人妇。商人重利轻别离，前月浮梁买茶去。去来江口守空船，绕船月明江水寒。夜深忽梦少年事，梦啼妆泪红阑干。

　　我闻琵琶已叹息，又闻此语重唧唧。同是天涯沦落人，相逢何必曾相识！我从去年辞帝京，谪居卧病浔阳城。浔阳地僻无音乐，终岁不闻丝竹声。住近湓江地低湿，黄芦苦竹绕宅生。其间旦暮闻何物？杜鹃啼血猿哀鸣。春江花朝秋月夜，往往取酒还独倾。岂无山歌与村笛？呕哑嘲哳难为听。今夜闻君琵琶语，如听仙乐耳暂明。莫辞更坐弹一曲,为君翻作《琵琶行》。

感我此言良久立,却坐促弦弦转急。凄凄不似向前声,满座重闻皆掩泣。座中泣下谁最多?江州司马青衫湿。

【注释】

①嘈嘈:声音沉重抑扬。

②切切:细促轻幽,急切细碎。

③间关:莺语流滑叫"间关"。鸟鸣声。

④幽咽:形容乐声遏塞不畅状。

⑤敛容:收敛(深思时悲愤深怨的)面部表情。

⑥虾(há)蟆陵:在长安城东南,曲江附近,是当时有名的游乐区。

⑦教坊:唐代官办管领音乐、杂技,教练歌舞的机关。

⑧缠头:将锦帛之类的财物送给歌舞伎女。

⑨绡:精细轻美的丝织品。

⑩钿(diàn)头银篦(bì):此指镶嵌着花钿的篦形发饰。

【译文】

秋夜我到浔阳江头送一位归客,冷风吹着枫叶和芦花秋声瑟瑟。我和客人下马在船上饯别设宴,举起酒杯要饮却无助兴的音乐。酒喝得不痛快更伤心将要分别,临别时夜茫茫江水倒映着明月。

忽听得江面上传来清脆的琵琶声,我忘却了回归客人也不想动身。寻着声源探问弹琵琶的是何人,琵琶停了许久却迟迟没有动静。我们移船靠近邀请她出来相见,叫下人添酒回灯重新摆起酒宴。千呼万唤她才缓缓地走出来,怀里还抱着琵琶半遮着脸面。转紧琴轴拨动琴弦试弹了几声,尚未成曲调那形态就非常有情。弦弦凄楚悲切声音隐含着沉思,似乎在诉说着她平生的不得志,她低着头随手连续地弹个不停,用琴声把心中无限的往事说尽。轻轻地拢,慢慢地捻,一会儿抹,一会儿挑。初弹《霓裳羽衣曲》接着再弹《六幺》。大弦浑宏悠长嘈嘈如暴风骤雨,小弦和缓幽细切切如有人私语。嘈嘈声切切声互为交错地弹奏,就像大珠小珠一串串掉落玉盘。琵琶声一会儿像花底下婉转流畅的鸟鸣声,一会儿又像水在冰下流动受阻艰涩低沉、呜咽断续的声音。好像水泉冷涩琵琶声开始凝结,凝结而不通畅声音渐渐地中断。像另有一种愁思幽恨暗暗滋生,此时闷闷无声却比有声更动人。突然间好像银瓶撞破水浆四溅,又好像铁甲骑兵厮杀刀枪齐鸣。一曲终了她对准琴弦中心划拨,四弦一声轰鸣好像撕裂了布帛。东船西舫的人们都静悄悄地聆听,只见江心之中映着白白的秋月影。

她沉吟着收起拨片插在琴弦中,整顿衣裳依然显出庄重的颜容。她说自己原是京城负有盛名的歌女,老家住在长安城东南的虾蟆陵。弹奏琵琶的技艺十三岁就已学成,教坊乐团第一队中列有我的姓名。每曲弹罢都令艺术大师们叹服,每次妆成都被同行歌妓们嫉妒。京都豪富子弟争先恐后来献彩,弹完一曲收来的红绡不知其数。钿头银篦打节拍常常断裂粉碎,红色罗裙被酒渍染污也不后悔。年复一年都在欢笑打闹中度过,秋去春来美好的时光白白消磨。兄弟从军老鸨死家道已经破败,暮去朝来我也渐渐地年老色衰。门前车马减少光顾者稀稀落落,青春已逝我只得嫁给商人为妻。商人重利不重情常常轻易别离,上个月他去浮梁做茶叶的生意。他去了留下我在江口孤守空船,秋月与我做伴,绕舱的秋水凄寒。更深夜阑常梦少年时作乐狂欢,梦中哭醒涕泪纵横污损了粉颜。

我听琵琶的悲泣早已摇头叹息,又听到她这番诉说更叫我悲凄。我们俩同是沦落天涯的可悲人,今日相逢何必问是否曾经相识!自从去年我离开繁华京城长安,被贬居住在浔阳江畔,常常卧病。浔阳这地方荒凉偏僻没有音乐,一年到头听不到管弦的乐器声。住在溢江这个低洼潮湿的地方,宅第周围黄芦和苦竹缭绕丛生。在这里早晚能听到的是什么呢?尽是杜鹃猿猴那些悲凄的哀鸣。春江花朝秋江月夜那样的好光景,也无可奈何,常常取酒独酌独饮。难道这里就没有山歌和村笛吗?只是那音调嘶哑粗涩实在难听。今晚我听你弹奏琵琶诉说衷情,就像听到仙乐,眼也亮来耳也明。请你不要推辞坐下来再弹一曲,我要为你创作一首新诗《琵琶行》。

209

被我的话所感动她站立了好久,回身坐下再转紧琴弦拨出急声。凄凄切切不再像刚才那种声音,在座的人重听都掩面哭泣不停。要问在座之中谁流的眼泪最多?我江州司马泪水湿透青衫衣襟!

湖心亭看雪

张岱

崇祯五年十二月,余住西湖。大雪三日,湖中人鸟声俱①绝。是日更②定矣,余拏一小舟,拥毳衣炉火③,独往湖心亭看雪。雾凇沆砀④,天与云与山与水,上下一白。湖上影子,惟长堤一痕,湖心亭一点,与余舟一芥,舟中人两三粒而已。

到亭上,有两人铺毡对坐,一童子烧酒,炉正沸。见余大惊喜,曰:"湖中焉得更有此人!"拉余同饮。余强饮⑤三大白而别。问其姓氏,是金陵人,客此。及下船,舟子喃喃曰:"莫说相公⑥痴,更有痴似⑦相公者!"

【注释】
①俱:都。
②是日更(gēng)定:是,代词,这。更定,指初更以后,晚上八点左右。定,开始。
③拥毳(cuì)衣炉火:穿着细毛皮衣,带着火炉。毳衣,细毛皮衣。毳,鸟兽的细毛。
④雾凇沆砀:冰花周围弥漫着白汽。雾,从天上下罩湖面的云气。凇,从湖面蒸发的水汽。沆砀,白汽弥漫的样子。曾巩《冬夜即事》诗自注:"齐寒甚,夜气如雾,凝于水上,旦视如雪,日出飘满阶庭,齐人谓之雾凇。"
⑤强(qiǎng)饮:尽情喝。强,尽力,勉力,竭力。一说,高兴地,兴奋地。
⑥莫:不要。相公:原意是对宰相的尊称,后转为对年轻人的敬称

及对士人的尊称。

⑦痴似：痴于，痴过。痴，特有的感受，来展示他钟情山水，淡泊孤寂的独特个性，本文为痴迷的意思。

【译文】

　　崇祯五年（1632年）十二月，我住在西湖边。大雪接连下了多天，湖中的行人、飞鸟的声音都消失了。这一天晚上八点左右，我撑着一叶小舟，穿着毛皮衣，带着火炉，独自往湖心亭看雪。（湖面上）冰花弥漫，天与云与山与水，浑然一体，白茫茫一片。天光湖色全是白皑皑的。湖上影子，只有一道长堤的痕迹，一点湖心亭的轮廓和我的一叶小舟，舟中的两三个人影罢了。

　　到了湖心亭上，看见有两个人铺好毡子，相对而坐，一个小孩正把酒炉（里的酒）烧得滚沸。（他们）看见我，非常高兴地说："想不到在湖中还会有您这样的人！"（他们）拉着我一同饮酒。我尽力喝了三大杯酒，然后和他们道别。（我）问他们的姓氏，（得知他们）是南京人，在此地客居。下船时，船夫喃喃地说："不要说相公您痴，还有像相公您一样痴的人啊！"

211

记承天寺夜游

苏轼

　　元丰六年十月十二日夜，解衣欲①睡，月色入户，欣然②起行。念无与为乐者，遂③至④承天寺寻张怀民⑤。怀民亦未寝，相与步于中庭⑥。庭下如积水空明，水中藻、荇交横⑦，盖竹柏影也。何夜无月？何处无竹柏？但少闲人⑧如吾两人者耳。

【注释】

①欲：想要，准备。

②欣然：高兴、愉快的样子。欣，高兴，愉快。然，……的样子。

③遂：于是，就。

④至：到。

⑤张怀民：作者的朋友，清河（今河北清河）人。元丰六年（1083年）被贬谪到黄州，寄居在承天寺。

⑥相与步于中庭：（我们）一同在庭院中散步。相与，共同，一同。步，散步。于，在。中庭，庭院里。

⑦交横（héng）：交错纵横。

⑧闲人：闲散的人。这里是指不汲汲于名利而能从容流连光景的人。苏轼这时被贬为黄州团练副使，这是一个有职无权的官，所以他十分清闲，自称"闲人"。首先"闲人"指具有情趣雅致，能欣赏美景的人。其次"闲人"反映了作者仕途失意的苦闷心境。

【译文】

　　元丰六年（1083年）十月十二日夜晚，（我）脱下衣服准备睡觉时，恰好看见月光照在门上，（于是我就）高兴地起床出门散步。想到没有和我一起游乐的人，于是（我）前往承天寺寻找张怀民。怀民也没有睡，我们便一同在庭院中散步。月光照在庭院里像积满了清水一样澄澈透明，水中的水藻、荇菜纵横交错，原来是竹子和柏树的影子。哪一个夜晚没有月光？（又有）哪个地方没有竹子和柏树呢？只是缺少像我们两个这样清闲的人罢了。

大道之行也[①]

礼记

大道[②]之行[③]也，天下为[④]公。选贤与能[⑤]，讲信修睦[⑥]。故人不独[⑦]亲其亲[⑧]，不独子其子，使老有所终[⑨]，壮有所用，幼有所长，矜、寡、孤、独、废疾者[⑩]皆有所养[⑪]，男有分，女有归。货恶其弃于地也，不必藏于己；力恶其不出于身也，不必为己。是故谋闭而不兴，盗窃乱贼而不作，故外户而不闭。是谓大同。

【注释】

①选自《礼记·礼运》。《礼记》，儒家经典之一，西汉戴圣对战国至秦汉间的各种礼仪论著加以辑录、编纂而成，共49篇。《礼运》大约是战国末年或秦汉之际儒家学者托名孔子答问的著作。

②大道：理想的治国之道。

③行：施行。

④为：是，表判断。

⑤选贤与（jǔ）能：把品德高尚的人、能干的人选拔出来。与，通"举"，推举，选举。

⑥讲信修睦（mù）：讲求诚信，培养和睦（气氛）。信，诚信。修，培养。

⑦独：只，仅。

⑧亲其亲：第一个亲，名词的意动用法，以……为亲人；第二个亲，父母。下文"子其子"中的第一个"子"也是名词用作动词。

⑨终：终老，终其天年。

⑩矜（guān）、寡、孤、独、废疾者：矜，老而无妻。矜，同"鳏"。寡，老而无夫。孤，幼而无父。独，老而无子。废疾，有残疾而不能做事。者，……的人。

⑪有所养：得到供养。养，供养。

【译文】

　　在理想的治国之道施行的时候，天下是人们所共有的。把品德高尚的人、能干的人选拔出来，讲求诚信，培养和睦（气氛）。所以人们不仅奉养自己的父母，不仅抚育自己的子女，而使老年人能终其天年，中年人能为社会效力，让年幼的孩子有健康成长的地方，让老而无妻的人、老而无夫的人、幼而无父的人、老而无子的人、残疾人都能得到社会的供养，男子有职务，女子有归宿。对于财货，人们憎恨它并把它扔在地上，却不一定要自己私藏；人们都愿意为公众之事竭尽全力，而不一定为自己谋私利。因此奸邪之谋不会发生，盗窃、造反和害人的事情不发生，所以大门都不用关上了。这就是人们理想的太平盛世。

生于忧患，死于安乐

孟子

　　舜发于畎亩①之中，傅说②举于版筑③之间，胶鬲④举于鱼盐之中，管夷吾举于士，孙叔敖⑤举于海，百里奚⑥举于市。故天将降大任于是人也，必先苦其心志，劳其筋骨，饿其体肤，空乏其身，行拂乱⑦其所为，所以动心忍性，曾益其所不能。

　　人恒过，然后能改；困于心，衡于虑⑧，而后作；征于色，发于声，而后喻。入则无法家拂士，出则无敌国外患者，国恒亡。然后知生于忧患⑨而死于安乐⑩也。

【注释】

①畎（quǎn）亩：田野，田地，此处意为耕田。

②傅说（yuè）：殷商时为胥靡（一种刑徒），筑于傅险（又作傅岩，在今山西平陆东）。关于商王武丁寻得贤人傅说的事迹见于《史记·殷本纪》等。

③版筑：筑墙的时候在两块夹板中间放土，用杵捣土，使它坚实。

筑，捣土用的杵。

④胶鬲（gé）：商纣王的大臣，与微子、箕子、王子比干同称贤人。

⑤孙叔敖（áo）：春秋时为楚国令尹（宰相）。本为"期思之鄙人"，期思在今河南固始，古时偏僻之地称为鄙。

⑥百里奚（xī）：又作百里傒。本为虞国大夫。晋国灭虞国后，百里奚与虞国国君一起被俘至晋国。由晋入秦，又逃到楚。后秦穆公用五张羊皮将他赎出来，用为大夫。

⑦拂乱：形容词的使动用法，使……颠倒错乱。拂，违背，不顺。乱，扰乱。

⑧衡于虑：思虑堵塞。衡，通"横"，梗塞，指不顺。

⑨生于忧患：忧患使人生存发展。

⑩死于安乐：享受安乐使人萎靡死亡。

【译文】

　　舜从田野耕作之中被起用，傅说从筑墙的劳作之中被起用，胶鬲从贩鱼卖盐中被起用，管夷吾被从狱官手里救出来并受到任用，孙叔敖从海滨隐居的地方被起用，百里奚被从奴隶市场里赎买回来并被起用。所以上天要把重任降临在一个人的身上，一定先要使他痛苦，筋骨劳累，使他忍饥挨饿，使他身处贫困之中，使他的每个行动都不如意，这样来激励他的心志，使他性情坚忍，增加他所不具备的能力。

　　一个人常常犯错误，这样以后才能改正，在内心里困惑，思虑阻塞，然后才能知道有所作为；一个人的愤怒表现在面部表情上，怨恨吐发在言语中，然后才能被人知晓。一个国家，如果在内没有坚守法度的大臣和足以辅佐君王的贤士，在外没有实力相当、足以抗衡的国家和来自国外的祸患，这样的国家常常会走向灭亡。这样才知道忧虑祸患能使人或国家生存发展，而安逸享乐会使人或国家走向灭亡的道理了。

口技

林嗣环

京中有善①口技者。会②宾客大宴,于厅事之东北角,施八尺屏障,口技人坐屏障中,一桌、一椅、一扇、一抚尺而已。众宾团坐。少顷③,但闻屏障中抚尺一下,满坐寂然,无敢哗者。

遥闻深巷中犬吠,便有妇人惊觉欠伸,其夫呓语④。既而儿醒,大啼。夫亦醒。妇抚儿乳,儿含乳啼,妇拍而呜之。又一大儿醒,絮絮⑤不止。当是时⑥,妇手拍儿声,口中呜声,儿含乳啼声,大儿初醒声,夫叱大儿声,一时齐发,众妙毕备⑦。满坐宾客无不伸颈,侧目,微笑,默叹,以为妙绝。

未几⑧,夫鼾⑨声起,妇拍儿亦渐拍渐止。微闻有鼠作作索索,盆器倾侧,妇梦中咳嗽。宾客意少舒⑩,稍稍正坐。

忽一人大呼"火起",夫起大呼,妇亦起大呼。两儿齐哭。俄而百千人大呼,百千儿哭,百千犬吠。中间力拉崩倒之声,火爆声,呼呼风声,百千齐作;又夹百千求救声,曳屋许许声⑪,抢夺声,泼水声。凡所应有,无所不有。虽人有百手,手有百指,不能指其一端;人有百口,口有百舌,不能名其一处也。于是宾客无不变色离席,奋袖出臂,两股战战,几欲先走。

忽然抚尺一下,群响毕绝。撤屏视之,一人、一桌、一椅、一扇、一抚尺而已。

【注释】

①善:擅长,善于。
②会:适逢,正赶上。
③少(shǎo)顷(qǐng):不久,一会儿。
④呓(yì)语:说梦话。
⑤絮絮:连续不断地说话。

⑥当是时：在这个时候。

⑦毕：全，都。备：具备。

⑧未几：不久。

⑨齁（hōu）：打鼾。

⑩少（shǎo）：同"稍"，稍微。舒：伸展，松弛。

⑪曳（yè）屋许许（hǔ hǔ）声：（众人）拉倒（燃烧着的）房屋时一齐用力的呼喊声。曳，拉。许许，拟声词，劳作时共同用力的呼喊声。

【译文】

　　京城里有个擅长表演口技的人。正赶上有户人家宴请宾客，在大厅的东北角，安放了一座八尺高的屏风，表演口技的艺人坐在屏风里面，里面只放了一张桌子、一把椅子、一把扇子、一块醒木罢了。众多宾客围绕着屏风而坐。一会儿，只听见屏风里面醒木一拍，全场马上静悄悄的，没有人敢大声说话。

　　远远地听到幽深的巷子中有狗叫声，就有妇女惊醒后打呵欠和伸懒腰的声音，她的丈夫在说梦话。过了一会儿，孩子醒了，大声哭着。丈夫也醒了。妇人抚慰孩子喂奶，孩子含着乳头哭，妇女又轻声哼唱着哄小孩入睡。又有大儿子醒了，絮絮叨叨地说个不停。在这个时候，妇女用手拍孩子的声音，口里哼着哄孩子的声音，孩子边含乳头边哭的声音，大儿子刚醒过来的声音，丈夫责骂大孩子的声音，同时响起，各种声音都模仿得极像。满座的宾客没有一个不伸长脖子，偏着头看，微笑，心中默默赞叹，认为奇妙极了。

　　过了一会儿，丈夫打呼噜声响起来了，妇女拍孩子的声音也渐渐消失。隐隐听到有老鼠作作索索活动的声音，盆子翻倒倾斜，妇女在睡梦中发出了咳嗽声。宾客们的心情稍微放松了些，渐渐端正了坐姿。

　　忽然有一个人大声呼叫"起火啦"，丈夫起来大声呼叫，妇人也起来大声呼叫。两个小孩子一齐哭了起来。一会儿，有成百上千人大声呼叫，成百上千的小孩哭叫，成百上千条狗汪汪地叫。其中夹杂着噼里啪啦房屋倒塌的声音,烈火燃烧物品爆裂的声音,呼呼的风声,千百种声音一齐发出;又夹杂着成百上千人求救的声音,众人拉塌燃烧着的房屋时一齐用力的呼喊声,抢救东西的声音,泼水的声音。凡是在这种情况下应该有的声音,没有一样没有。即使一个人有上百只手,每只手有上百个指头,也不能指出其中的任何一种声音来;即使一个人有上百张嘴,每张嘴里有上百条舌头,也不能说清其中一个地方。在这种情况下,宾客们没有一个不变了脸色,离开席位,捋起衣袖,伸出手臂,两腿打着哆嗦,差一点儿争先恐后地逃了。

忽然醒木一拍,各种声响全部消失了。撤去屏风一看里面,只有一个人、一张桌子、一把椅子、一把扇子、一块醒木罢了。

送东阳马生序

宋濂

余幼时即嗜学①。家贫,无从致书以观,每假借于藏书之家,手自笔录,计日以还。天大寒,砚冰坚,手指不可屈伸,弗之怠②。录毕,走送之,不敢稍逾约。以是人多以书假余,余因得遍观群书。既加冠,益慕圣贤之道③。又患无硕师名人与游④,尝趋百里外,从乡之先达执经叩问⑤。先达德隆望尊,门人弟子填其室,未尝稍降辞色⑥。余立侍左右,援疑质理,俯身倾耳以请;或遇其叱咄⑦,色愈恭,礼愈至,不敢出一言以复;俟⑧其欣悦,则又请焉。故余虽愚,卒获有所闻。

当余之从师也,负箧曳屣⑨行深山巨谷中。穷冬烈风,大雪深数尺,足肤皲裂⑩而不知。至舍,四支僵劲不能动,媵人持汤沃灌,以衾⑪拥覆,久而乃和。寓逆旅,主人日再食,无鲜肥滋味之享。同舍生皆被绮绣⑫,戴朱缨宝饰之帽,腰白玉之环,左佩刀,右备容臭,烨然⑬若神人;余则缊袍敝衣⑭处其间,略无慕艳意,以中有足乐者，不知口体之奉不若人也。盖余之勤且艰若此。今虽耄老⑮，未有所成，犹幸预君子之列，而承天子之宠光，缀公卿之后，日侍坐备顾问，四海亦谬称其氏名，况才之过于余者乎？

今诸生学于太学，县官日有廪稍之供，父母岁有裘葛之遗，无冻馁之患矣；坐大厦之下而诵诗书，无奔走之劳矣；有司业、博士为之师，未有问而不告、求而不得者也；凡所宜有之书，皆集于此，不必若余之手录，假诸人而后见也。其业有不精，德有不成者，非天质之卑，则心不若余之专耳，岂他人之过哉？

东阳马生君则，在太学已二年，流辈甚称其贤。余朝京师，生以乡人子谒余，撰长书以为贽，辞甚畅达。与之论辨，言和而色夷。自谓少时用心于学甚劳，是可谓善学者矣。其将归见其亲也，余故道为学之难以告之。谓余勉乡人以学者，余之志也；诋我夸际遇之盛而骄乡人者，岂知予者哉？

【注释】

①余：我。嗜（shì）学：爱好读书。

②弗之怠：即"弗怠之"，不懈怠，不放松读书。弗，不。之，指代抄书。

③圣贤之道：指孔孟儒家的道统。宋濂是一位主张仁义道德的理学家，所以十分推崇它。

④硕（shuò）师：学问渊博的老师。游：交游。

⑤乡之先达：当地在道德学问上有名望的前辈。这里指浦江的柳贯、义乌的黄溍等古文家。执经叩问：携带经书去请教。

⑥稍降辞色：把言辞放委婉些，把脸色放温和些。辞色，言辞和脸色。

⑦叱（chì）咄（duō）：训斥，呵责。

⑧俟（sì）：等待。

⑨箧（qiè）：箱子。曳屣（xǐ）：拖着鞋子。

⑩皲（jūn）裂：皮肤因寒冷干燥而开裂。

⑪衾（qīn）：被子。

⑫被（pī）绮绣：穿着华丽的绸缎衣服。被，同"披"。绮，有花纹的丝织品。

⑬烨（yè）然：光彩照人的样子。

⑭缊（yùn）袍：粗麻絮制作的袍子。敝衣：破衣。

⑮耄（mào）老：年老。八九十岁的人称耄。宋濂此时已六十九岁。

【译文】

　　我年幼时就非常爱好读书。家里贫穷，无法得到书来看，常常向藏书的人家求借，亲手抄录，计算着日期按时送还。冬天非常寒冷，砚台里的墨汁都结了冰，手指冻得不能弯曲和伸直，也不放松抄录书。抄写完毕后，便马上跑去还书，不敢稍微超过约定的期限。因此有很多人都愿意把书借给我，于是我能够遍观群书。成年以后，我更加仰慕古代圣贤的学说，又苦于不能与学识渊博的老师和名人交往，曾经赶到数百里以外，拿着经书向乡里有道德学问的前辈请教。前辈德高望重，门人弟子挤满了他的屋子，他的言辞和态度从未稍有委婉。我站着陪侍在他左右，提出疑难，询问道理，俯下身子，侧着耳朵恭敬地请教；有时遇到他大声斥责，我的表情更加恭顺，礼节更加周到，不敢说一个字反驳；等到他高兴了，则又去请教。我虽然愚笨，但最终获得不少教益。

　　当我外出求师的时候，背着书箱，拖着鞋子，行走在深山峡谷之中。隆冬时节，刮着猛烈的寒风，雪有好几尺深，脚上的皮肤受冻裂开都不知道。回到客舍，四肢僵硬动弹不得。服侍的人拿着热水为我洗浴，用被子裹着我，很久我才暖和起来。寄居在旅店里，旅店老板每天供应两顿饭，没有新鲜肥嫩的美味享受。同客舍的人都穿着华丽的衣服，戴着用红色帽带和珠宝装饰的帽子，腰间挂着白玉环，左边佩带宝刀，右边挂着香囊，光彩鲜明，像神仙一样；我却穿着破旧的衣服处于他们之间，但我毫不羡慕。因为心中有足以快乐的事情，所以不觉得吃的、穿的享受不如别人。我求学的辛勤和艰苦就是这个样子。如今虽已年老，没有什么成就，但所幸还得以置身于君子的行列中，承受着天子的恩宠荣耀，追随在公卿之后，每天陪侍着皇上，听候询问，天底下也不适当地称颂自己的姓名，更何况才能超过我的人呢？

如今的学生们在太学中学习，朝廷每天供给膳食，父母每年都赠给冬天的皮衣和夏天的葛衣，没有挨冻受饿的忧虑了；坐在大厦之下诵读诗书，没有奔走的劳苦了；有司业和博士当他们的老师，没有询问而不告诉，求教而无所收获的了；凡是所应该具备的书籍，都集中在这里，不必再像我用手抄录，从别人处借来然后才能看到了。他们中如果有学业尚不精通，品德未养成的，如果不是天赋、资质低下，就是用心不如我这样专一，难道能说是别人的过错吗？

东阳马生君则，在太学中已学习二年了，同辈人十分称赞他的德行。我到京师朝见皇帝时，马生以同乡晚辈的身份拜见我，写了一封长信作为礼物，文辞很顺畅通达。同他论辩，言语温和而态度谦恭。他说少年时对于学习很用心、刻苦，这可称作善于学习者吧！他将要回家拜见父母双亲，我特地将治学的艰难告诉他。如果说我勉励同乡努力学习，则是我的志意；如果诋毁我夸耀自己际遇之好而在同乡前骄傲，难道是了解我的人吗？

归去来兮辞 并序

陶渊明

余家贫，耕植不足以自给。幼稚盈室，瓶无储粟，生生所资，未见其术。亲故多劝余为长吏，脱然有怀，求之靡途。会有四方之事，诸侯以惠爱为德，家叔以余贫苦，遂见用于小邑。于时风波未静，心惮远役，彭泽去家百里，公田之利，足以为酒。故便求之。及少日，眷然有"归欤"之情。何则？质性自然，非矫厉所得。饥冻虽切，违己交病。尝从人事，皆口腹自役。于是怅然慷慨，深愧平生之志。犹望一稔①,当敛裳宵逝。寻程氏妹丧于武昌,情在骏奔,自免去职。仲秋至冬,在官八十余日。因事顺心,命篇曰《归去来兮》。乙巳岁十一月也。

归去来兮,田园将芜胡不归?既自以心为形役,奚惆怅而独悲?悟已往之不谏,知来者之可追。实迷途其未远,觉今是而昨非。舟遥遥以轻飏②,风飘飘而吹衣。问征夫以前路,恨晨光之熹微③。

乃瞻衡宇④,载欣载奔。僮仆欢迎,稚子候门。三径就荒,松菊犹存。携幼入室,有酒盈樽⑤。引壶觞以自酌,眄庭柯以怡颜⑥。倚南窗以寄傲,审容膝之易安。园日涉以成趣,门虽设而常关。策扶老以流憩⑦,时矫首而遐观。云无心以出岫⑧,鸟倦飞而知还。景翳翳以将入⑨,抚孤松而盘桓。

归去来兮,请息交以绝游。世与我而相违,复驾言兮焉求?悦亲戚之情话,乐琴书以消忧。农人告余以春及,将有事于西畴。或命巾车,或棹孤舟⑩。既窈窕以寻壑,亦崎岖而经丘。木欣欣以向荣,泉涓涓而始流。善万物之得时,感吾生之行休。

已矣乎!寓形宇内复几时?曷不委心任去留?胡为乎遑遑欲何之?富贵非吾愿,帝乡不可期。怀良辰以孤往,或植杖而耘耔。登东皋以舒啸⑪,临清流而赋诗。聊乘化以归尽,乐夫天命复奚疑!

【注释】
①一稔(rěn):公田收获一次,引申为一年。稔,庄稼成熟。
②舟遥遥以轻飏(yáng):船在水面上轻轻地飘荡着前进。遥遥,飘摇放流的样子。以,表修饰。飏,飞扬,形容船行驶轻快。
③恨晨光之熹微:遗憾的是天刚刚放亮。恨,遗憾。熹微,天色微明。

④乃瞻衡宇：刚刚看见了自家的房子。乃，于是，然后。瞻，远望。衡宇，横木为门的房屋，指简陋的房屋。衡，通"横"。宇，屋檐，这里指居处。

⑤盈樽：满杯。

⑥眄（miǎn）庭柯以怡颜：看看院子里的树木，觉得很愉快。眄，看，望。这里是"随便看看"的意思。柯，草木的枝茎。以，为了。怡颜，使面容现出愉快的神色。

⑦策扶老以流憩（qì）：拄着拐杖出去走走，随时随地休息。策，拄着。扶老，手杖。憩，休息。流憩，游息，就是没有固定的地方，到处走走歇歇。

⑧云无心以出岫（xiù）：云气自然而然地从山里冒出。无心，无意。岫，有洞穴的山，这里泛指山峰。

⑨景翳（yì）翳以将入：阳光黯淡，太阳快落下去了。景，日光。翳翳，阴暗的样子。

⑩或棹（zhào）孤舟：有时划一艘小船。棹，本义为船桨。这里是将名词用作动词，意为划桨。

⑪登东皋（gāo）以舒啸：登上东面的高地放声长啸。皋，高地。啸，撮口发出的一种长而清越的声音。舒，放。

【译文】

　　我家贫穷，耕田植桑不足以供自己生活。孩子很多，米缸里没有存粮，维持生活所需的一切，没有办法解决。亲友大都劝我去做官，我心里也有这个念头，可是求官缺少门路。正赶上有奉使外出的官吏，地方大吏以爱惜人才为美德，叔父也因为我家境贫苦（替我设法），我就被委任到小县做官。那时社会上动荡不安，心里惧怕到远地当官。彭泽县离家一百里，公田收获的粮食，足够造酒饮用，所以就请求去那里。等到过了一些日子，便产生了留恋故园的怀乡感情。那是因为什么？本性任其自然，这是勉强不得的。饥寒虽然来得急迫，但是违背本意去做官，身心都感到痛苦。过去为官做事，都是为了吃饭而役使自己。于是惆怅感慨，深深有愧于平生的志愿。只再等上一年，便收拾行装连夜离去。不久，嫁到程家的妹妹在武昌去世，去吊丧的心情像骏马奔驰一样急切，自己请求免去官职。自立秋第二个月到冬天，在职共八十多天。因辞官而顺遂了心愿，写了一篇文章，题目叫《归去来兮》。这时候正是乙巳年十一月。

　　回家去吧！田园快要荒芜了，为什么不回去呢？既然自己的心灵为形体所役使，为什么如此失意而独自伤悲？认识到过去的错误已经不可挽回，知道未来的事还来得及补救。确实走入了迷途大概还不远，觉悟到今天的做法正确，之前的错误。船在水上轻轻飘荡，微风吹拂着衣裳。向行人打听前面的路，遗憾的是天亮得太慢。

　　刚刚看到自己简陋的家门，我心中欣喜，奔跑过去。家童欢快地迎接我，幼儿们守候在门庭等待。院子里的小路快要荒芜了，松树菊花还长在那里。带着孩子们进了屋，美酒已经盛满了酒樽。我端起酒壶酒杯自斟自饮，观赏着庭树（使我）露出愉快的神色。倚着南窗寄托我的傲世之情，深知这狭小之地容易使我心安。每天在园中散步，成为乐趣，小园的门经常关闭着。拄着拐杖走走歇歇，时时抬头望着远方（的天空）。白云自然而然地从山峰飘浮而出，倦飞的小鸟也知道飞回巢中。日光暗淡，太阳即将落山，我流连不忍离去，手抚着孤松徘徊不已。

　　回家去吧！让我同外界断绝交游。他们的一切都跟我的志趣不合，还要驾车出去追求什么？与亲戚朋友谈心使我愉悦，弹琴读书能使我忘记忧愁。农夫把春天到了的消息告诉了我，将要去西边的田地耕作。有时驾着有帷幕的小车，有时划着一条小船。既要探寻那幽深的沟壑，又要走过那高低不平的山丘。树木欣欣向荣，泉水开始缓缓流动。（我）羡慕万物恰逢繁荣滋长的季节，感叹自己一生行将告终。

　　算了吧！活在世上还能有多久？为什么不随心所欲，听凭自然的生死？为什么心神不定，还想去什么地方？富贵不是我所求，升入仙界也没有希望。爱惜那良辰美景我独自去欣赏，有时扶着拐杖除草培苗。登上东边山坡我放声长啸，傍着清清的溪流把诗歌吟唱。姑且顺随自然的变化，度到生命的尽头。抱定乐安天命的主意，还有什么可犹疑的呢？

醉翁亭记
欧阳修

环滁①皆②山也。其③西南诸峰，林壑④尤⑤美，望之蔚然而深秀者，琅琊也⑥。山⑦行六七里，渐闻水声潺潺⑧，而⑨泻出于两峰之间者，酿泉⑩也。峰回路转⑪，有亭翼然⑫临于泉上者，醉翁亭也。作亭者谁？山之僧曰智仙也。名之者谁？太守自谓也。太守与客来饮于此，饮少辄醉，而年又最高，故自号曰醉翁也。醉翁之意不在酒，在乎山水之间也。山水之乐，得之心而寓之酒也。

若夫日出而林霏开，云归而岩穴暝，晦明变化者，山间之朝暮也。野芳发而幽香，佳木秀而繁阴，风霜高洁，水落而石出者，山间之四时也。朝而往，暮而归，四时之景不同，而乐亦无穷也。

至于负者歌于途，行者休于树，前者呼，后者应，伛偻提携，往来而不绝者，滁人游也。临溪而渔，溪深而鱼肥，酿泉为酒，泉香而酒洌；山肴野蔌，杂然而前陈者，太守宴也。宴酣之乐，非丝非竹，射者中，弈者胜，觥筹交错，起坐而喧哗者，众宾欢也。苍颜白发，颓然乎其间者，太守醉也。

已而夕阳在山，人影散乱，太守归而宾客从也。树林阴翳，鸣声上下，游人去而禽鸟乐也。然而禽鸟知山林之乐，而不知人之乐；人知从太守游而乐，而不知太守之乐其乐也。醉能同其乐，醒能述以文者，太守也。太守谓谁？庐陵欧阳修也。

【注释】

①环滁：环绕着滁州城。环，环绕。滁，滁州，今安徽省滁州市琅

琊区。

②皆：副词，都，全。

③其：代词，它，指滁州城。

④壑：山谷。

⑤尤：格外，特别。

⑥蔚然而深秀者，琅琊也：树木茂盛，又幽深又秀丽的，是琅琊山。蔚然，草木茂盛的样子。而，表并列。

⑦山：名词作状语，沿着山路。

⑧潺潺：流水声。

⑨而：表承接。

⑩酿泉：泉的名字。因水清可以酿酒，故名。

⑪峰回路转：山势回环，路也跟着拐弯。比喻事情经历挫折失败后，出现新的转机。回，回环，曲折环绕。

⑫翼然：像鸟张开翅膀一样。然，……的样子。

【译文】

环绕滁州的都是山。那西南的几座山峰，树林和山谷尤其优美，远远望过去树木茂盛，又幽深又秀丽的，是琅琊山。沿着山路走六七里，渐渐听到潺潺的流水声，一股水流从两峰之间飞泻而下，是酿泉。山势回环，路也跟着转弯。有一座亭子像飞鸟展翅似的，飞架在泉上，那就是醉翁亭。建造这亭子的是谁呢？是山上的和尚智仙。给它取名的又是谁呢？太守用自己的别号（醉翁）来命名。太守和他的宾客们来这儿饮酒，只喝一点儿就醉了，而且年纪又最大，所以自号"醉翁"。醉翁的情趣不在于喝酒，而在于欣赏山水的美景。欣赏山水美景的乐趣，领会在心里，寄托在酒上。

太阳升起，山林里的雾气就散了；烟云聚拢来，山谷就显得昏暗了；朝则自暗而明，暮则自明而暗，或暗或明，变化不一，这就是山中的朝暮。野花开了，有一股清幽的香味；好的树木枝繁叶茂，形成一片浓密的绿荫；风高霜洁，水落石出，这就是山中的四季。早晨进山，傍晚回城，四季的景色不同，乐趣也是无穷无尽的。

至于背着东西的人在路上欢唱,走路的人在树下休息,前面的人呼喊,后面的人应答,老人弯着腰走,小孩子由大人领着走,来来往往不断的行人,是滁州的游客。到溪边钓鱼,溪水深而鱼肉肥美;用酿泉造酒,泉水清而酒也清;野味野菜,杂七杂八地摆放在面前的,那是太守主办的宴席。宴会喝酒的乐趣,不在于弹琴奏乐,投壶的人中了,下棋的赢了,酒杯和酒筹交互错杂,时起时坐大声喧闹的人,是欢乐的宾客们。一个脸色苍老的白发老人,醉醺醺地坐在众人中间,是太守喝醉了。

不久,太阳下山了,人影散乱,宾客们跟随太守回去了。树林里的枝叶茂密成林,鸟儿到处叫,是游人离开后鸟儿在欢乐地跳跃。但是鸟儿只知道山林中的快乐,却不知道人们的快乐;而人们只知道跟随太守游玩的快乐,却不知道太守以游人的快乐为快乐啊。醉了能够和大家一起欢乐,醒来能够用文章记叙这乐事的人,是太守。太守是谁呢?是庐陵欧阳修。

兰亭集序
王羲之

永和①九年,岁在癸丑,暮春②之初,会③于会稽④山阴⑤之兰亭,修禊事也⑥。群贤⑦毕至⑧,少长⑨咸⑩集。此地有崇山峻岭⑪,茂林修竹⑫,又有清流激湍⑬,映带左右⑭,引以为流觞曲水⑮,列坐其次。虽无丝竹管弦之盛,一觞一咏,亦足以畅叙幽情。

是日也,天朗气清,惠风和畅。仰观宇宙之大,俯察品类之盛,所以游目骋怀,足以极视听之娱,信可乐也。

夫人之相与,俯仰一世。或取诸怀抱,悟言一室之内;或因寄所托,放浪形骸之外。虽趣舍万殊,静躁不同,当其欣于所遇,暂得于己,快然自足,不知老之将至;及其所之既倦,情随事迁,感慨系之矣。向之所欣,俯仰之间,已为陈迹,犹不能不以之兴怀,况修短随化，终期于尽！古人云："死生亦大矣。"岂不痛哉！

每览昔人兴感之由，若合一契，未尝不临文嗟悼，不能喻之于怀。固知一死生为虚诞，齐彭殇为妄作。后之视今，亦犹今之视昔，悲夫！故列叙时人，录其所述，虽世殊事异，所以兴怀，其致一也。后之览者，亦将有感于斯文。

【注释】

①永和：东晋皇帝司马聃（晋穆帝）的年号，345—356年共十二年。永和九年上巳节，王羲之与谢安，孙绰等41人，举行禊礼，饮酒赋诗，事后将作品结为一集，由王羲之写了这篇序，总述其事。

②暮春：阴历三月。暮，晚，末。

③会：集会。

④会稽（kuài jī）：郡名，在今浙江北部和江苏东南部一带。

⑤山阴：县名，今浙江绍兴。

⑥修禊（xì）事也：（为了）做禊事。禊，一种祭礼。古时以三月上旬的巳日（魏以后定为三月三日）为修禊日。禊事，古代的一种风俗，三月三日人们到水边洗濯，嬉游，以祈福消灾。

⑦群贤：诸多贤士能人。指谢安等社会名流。

⑧毕至：全到。毕，全，都。

⑨少长：如王羲之的儿子王凝之、王徽之是少，谢安、王羲之等是长。

⑩咸：都。

⑪崇山峻岭：高峻的山岭。

⑫修竹：高高的竹子。修，高高的样子。

⑬激湍（tuān）：流势很急的水。

⑭映带左右：辉映围绕在亭子的周围。映带，景物相互衬托。

⑮流觞（shāng）曲（qū）水：用漆制的酒杯盛酒，放入弯曲的水道中任其漂流，杯停在谁面前，谁就取杯饮酒。这是古人一种劝酒取乐的方式。流，使动用法。曲水，引水环曲为渠，以流酒杯。

【译文】

　　永和九年，时在癸丑之年，三月上旬，我们集聚在会稽郡山阴城的兰亭，为了做禊事。众多贤才都汇聚到这里，老少都聚集在这里。兰亭这个地方有高峻的山峰，茂盛的树林，高高的竹子。又有清澈湍急的溪流，辉映环绕在亭子的四周，我们引溪水作为流觞的曲水，排列坐在曲水旁边。虽然没有演奏音乐的盛况，但喝点酒，作点诗，也足够畅快叙述幽深内藏的感情了。

　　这一天，天气晴朗，和风温暖。仰首观览到宇宙的浩大，俯瞰观察大地上众多的万物，用来舒展眼力，开阔胸怀，足以极尽视听的欢娱，实在很快乐。

　　人与人相互交往，很快便度过一生。有的人从自己的情趣思想中取出一些东西，在室内（跟朋友）面对面地交谈；有的人通过寄情于自己精神情怀所寄托的事物，在形体之外，不受任何约束地放纵地生活。虽然各有各的爱好，安静与躁动各不相同，但当他们对所接触的事物感到高兴时，一时感到自得，感到高兴和满足，竟然不知道衰老将要到来。等到对得到或喜爱的东西已经厌倦，感情随着事物的变化而变化，感慨随之产生。过去所喜欢的东西，转瞬间，已经成为旧迹，尚且不能不因为它引发心中的感触，况且寿命的长短，听凭造化，最后归结于终结。古人说："死生毕竟是件大事啊。"怎么能不让人悲痛呢？

　　每当看到前人（对生死）所发感慨的原因，其缘由像一张符契那样相和，总不免要在读前人文章时叹息哀伤，不能明白于心。本来知道把生死等同的说法是不真实的，把长寿和短命等同起来的说法是妄造的。后人看待今人，也就像今人看待前人，可悲呀。所以一个一个记下当时与会的人，录下他们所作的诗篇。纵使时代变了，事情不同了，但触发人们情怀的原因，他们的思想情趣是一样的。后世的读者，也将对这次集会的诗文有所感慨。

岳阳楼记

范仲淹

庆历四年春，滕子京谪守巴陵郡①。越明年，政通人和②，百废具兴③。乃重修岳阳楼，增其旧制④，刻唐贤今人⑤诗赋于其上。属予作文以记之⑥。

予观夫巴陵胜状⑦，在洞庭一湖。衔远山，吞长江，浩浩汤汤⑧，横无际涯⑨，朝晖夕阴⑩，气象万千，此则岳阳楼之大观也，前人之述备矣。然则北通巫峡，南极潇湘，迁客骚人，多会于此，览物之情，得无异乎？

若夫淫雨霏霏，连月不开，阴风怒号，浊浪排空，日星隐曜，山岳潜形，商旅不行，樯倾楫摧，薄暮冥冥，虎啸猿啼。登斯楼也，则有去国怀乡，忧谗畏讥，满目萧然，感极而悲者矣。

至若春和景明，波澜不惊，上下天光，一碧万顷，沙鸥翔集，锦鳞游泳，岸芷汀兰，郁郁青青。而或长烟一空，皓月千里，浮光跃金，静影沉璧，渔歌互答，此乐何极！登斯楼也，则有心旷神怡，宠辱偕忘，把酒临风，其喜洋洋者矣。

嗟夫！予尝求古仁人之心，或异二者之为，何哉？不以物喜，不以己悲，居庙堂之高则忧其民，处江湖之远则忧其君。是进亦忧，退亦忧。然则何时而乐耶？其必曰"先天下之忧而忧，后天下之乐而乐"乎。噫！微斯人，吾谁与归？

时六年九月十五日。

【注释】

①滕子京谪（zhé）守巴陵郡：滕子京降职任岳州太守。滕子京，名宗谅，子京是他的字，范仲淹的朋友。古时朋友间多以字相称。

②政通人和：政事顺利，百姓和乐。这是赞美滕子京的话。

③百废具兴：各种荒废的事业都兴办起来了。百，不是确指，形容

其多。废，这里指荒废的事业。具，通"俱"，全，皆。兴，复兴。
④制：规模。
⑤唐贤今人：唐代和宋代的名人。
⑥属（zhǔ）予作文以记之：属，通"嘱"，嘱托，嘱咐。予，我。作文，写文章。以，用来，连词。记，记述。
⑦予观夫巴陵胜状：夫，指示代词，相当于"那"。胜状，胜景，好景色。
⑧衔远山，吞长江，浩浩汤汤（shāng）：衔，衔接。吞，吞没。浩浩汤汤，水势浩荡的样子。
⑨横无际涯：宽阔无边。横，广远。际涯，边际。
⑩朝晖夕阴：早晚（一天里）阴晴多变化。朝，在早晨，名词作状语。晖，日光。气象，景象。万千，千变万化。

【译文】

　　庆历四年的春天，滕子京被降职到巴陵郡做太守。隔了一年，政治清明通达，人民安居和顺，各种荒废的事业都兴办起来了，于是重新修建岳阳楼，扩大它原有的规模，把唐代名家和当代人的诗赋刻在它上面。（滕子京）嘱托我写一篇文章来记述这件事情。

　　我观赏那巴陵郡的美好景色，全在洞庭湖上。衔接远山，吞没长江，流水浩浩荡荡，无边无际，一天里阴晴多变，气象千变万化，这就是岳阳楼的雄伟景象，前人的记述（已经）很详尽了。那么向北面通到巫峡，向南面直到潇水和湘水，降职的官吏和来往的诗人，大多在这里聚会，（他们）观赏自然景物而触发的感情大概会有所不同吧。

　　至于那阴雨连绵，接连几个月不放晴，寒风怒吼，浑浊的浪冲向天空，太阳和星星隐藏起光辉，山岳隐没了形体，商人和旅客（一译：行商和客商）不能通行，船桅倒下，船桨折断，傍晚天色昏暗，虎在长啸，猿在悲啼，（这时）登上这座楼，就会有一种离开国都，怀念家乡，担心人家说坏话，惧怕人家批评指责，满眼都是萧条的景象，感慨到了极点而悲伤的心情。

231

到了春风和煦，阳光明媚的时候，湖面平静，没有惊涛骇浪，天色湖光相连，一片碧绿，广阔无际，沙洲上的鸥鸟，时而飞翔，时而停歇，美丽的鱼儿游来游去，岸上的香草和小洲上的兰花，非常茂盛，青翠欲滴。有时大片烟雾完全消散，皎洁的月光一泻千里，波动的光闪着金色，静静的月影像沉入水中的玉璧，渔夫的歌声在你唱我和地响起来，这种乐趣（真是）无穷无尽啊！（这时）登上这座楼，就会感到心胸开阔，心情愉快，光荣和屈辱一并忘了，端着酒杯，吹着风，觉得喜气洋洋了。

哎呀！我曾探求过古时仁人的心境，或者和这些人的行为两样的，为什么呢？（是由于）不因外物的好坏、自己的得失而或喜或悲。在朝廷上做官时，就为百姓担忧；不在朝廷做官而处在僻远的江湖中间就为国君忧虑。进也忧虑，退也忧愁。既然这样，那么他们什么时候才会感到快乐呢？古仁人必定说："先于天下人忧去忧，晚于天下人乐去乐。"唉！如果没有这种人，我与谁一道归去呢？

写于庆历六年九月十五日。

滕王阁序

王勃

豫章①故②郡，洪都③新府。星分翼轸④，地接衡⑤庐⑥。襟⑦三江⑧而带⑨五湖⑩，控蛮荆⑪而引⑫瓯越⑬。物华天宝⑭，龙光射牛斗之墟⑮；人杰地灵，徐孺下陈蕃之榻。雄州雾列，俊采星驰。台隍枕夷夏之交，宾主尽东南之美。都督阎公之雅望，棨戟遥临；宇文新州之懿范，襜帷暂驻。十旬休假，胜友如云；千里逢迎，高朋满座。腾蛟起凤，孟学士之词宗；紫电青霜，王将军之武库。家君作宰，路出名区；童子何知，躬逢胜饯。

时维九月，序属三秋。潦水尽而寒潭清，烟光凝而暮山紫。俨骖騑于上路，访风景于崇阿；临帝子之长洲，得天人之旧馆。层峦耸翠，上出重霄；飞阁流丹，下临无地。鹤汀凫渚，穷岛屿之萦回；桂殿兰宫，即冈峦之体势。

披绣闼，俯雕甍，山原旷其盈视，川泽纡其骇瞩。闾阎扑地，钟鸣鼎食之家；舸舰弥津，青雀黄龙之舳。云销雨霁，彩彻区明。落霞与孤鹜齐飞，秋水共长天一色。渔舟唱晚，响穷彭蠡之滨；雁阵惊寒，声断衡阳之浦。

遥襟甫畅，逸兴遄飞。爽籁发而清风生，纤歌凝而白云遏。睢园绿竹，气凌彭泽之樽；邺水朱华，光照临川之笔。四美具，二难并。穷睇眄于中天，极娱游于暇日。天高地迥，觉宇宙之无穷；兴尽悲来，识盈虚之有数。望长安于日下，目吴会于云间。地势极而南溟深，天柱高而北辰远。关山难越，谁悲失路之人？萍水相逢，尽是他乡之客。怀帝阍而不见，奉宣室以何年？

嗟乎！时运不齐，命途多舛。冯唐易老，李广难封。屈贾谊于长沙，非无圣主；窜梁鸿于海曲，岂乏明时？所赖君子见机，达人知命。老当益壮，宁移白首之心？穷且益坚，不坠青云之志。酌贪泉而觉爽，处涸辙以犹欢。北海虽赊，扶摇可接；东隅已逝，桑榆非晚。孟尝高洁，空余报国之情；阮籍猖狂，岂效穷途之哭？

勃，三尺微命，一介书生。无路请缨，等终军之弱冠；有怀投笔，慕宗悫之长风。舍簪笏于百龄，奉晨昏于万里。非谢家之宝树，接孟氏之芳邻。他日趋庭，叨陪鲤对；今兹捧袂，喜托龙门。杨意不逢，抚凌云而自惜；钟期既遇，奏流水以何惭？

呜乎！胜地不常，盛筵难再，兰亭已矣，梓泽丘墟。临别赠言，幸承恩于伟饯；登高作赋，是所望于群公。敢竭鄙怀，恭疏短引，一言均赋，四韵俱成。请洒潘江，各倾陆海云尔。

滕王高阁临江渚，佩玉鸣鸾罢歌舞。

画栋朝飞南浦云，珠帘暮卷西山雨。

闲云潭影日悠悠，物换星移几度秋。

阁中帝子今何在？槛外长江空自流。

【注释】

①豫章：滕王阁在今江西省南昌市。南昌为汉豫章郡治。唐代宗当政之后，为了避讳唐代宗的名（李豫），"豫章故郡"被替换为"南昌故郡"，所以现在滕王阁内的石碑以及苏轼的手书都作"南昌故郡"。

②故：以前的。

③洪都：汉豫章郡，唐改为洪州，设都督府。

④星分翼轸：古人习惯将天上星宿与地上区域对应，称为"某地在某星之分野"。据《晋书》记载，豫章属吴地，吴越扬州在牛斗二星的分野，与翼轸二星相邻。翼、轸，星宿名，属二十八宿。

⑤衡：衡山，此处代指衡州（治所在今湖南省衡阳市）。

⑥庐：庐山，此处代指江州（治所在今江西省九江市）。

⑦襟：以……为襟。因豫章在三江上游，如衣之襟，故称。

⑧三江：太湖的支流松江、娄江、东江，泛指长江中下游的江河。

⑨带：以……为带。五湖在豫章周围，如衣束身，故称。

⑩五湖：一说指太湖、鄱阳湖、青草湖、丹阳湖、洞庭湖，又一说指菱湖、游湖、莫湖、贡湖、胥湖，皆在鄱阳湖周围，与鄱阳湖相连。以此作为南方大湖的总称。

⑪蛮荆：古楚地，今湖北、湖南一带。

⑫引：连接。

⑬瓯越：古越地，即今浙江地区。古东越王建都于东瓯（今浙江省永嘉县），境内有瓯江。

⑭物华天宝：地上的宝物焕发为天上的宝气。

⑮龙光射牛斗之墟：宝剑的光气直射（天上）牛斗二星所在的区域。龙光，指宝剑的光芒。牛，斗，星宿名。墟，域，所在之处。

【译文】

　　这里是汉代的豫章郡城，如今是洪州的都督府。天上的方位属于翼、轸两星宿的分野，地上的位置联结着衡山和庐山。以三江为衣襟，以五湖为衣带，控制着楚地，连接着闽越。物类的精华是上天的珍宝，宝剑的光芒直冲上牛、斗二星的区间。人中有英杰，因大地有灵气，陈蕃专为徐孺设下几榻。雄伟的洪州城，房屋像雾一般罗列，英俊的人才，像繁星一样活跃。城池坐落在夷夏交界的要害之地，主人与宾客，集中了东南地区的英俊之才。都督阎公，享有崇高的名望，远道来到洪州坐镇；宇文州牧，是美德的楷模，赴任途中在此暂留。正逢十日休假的日子，杰出的友人云集，高贵的宾客也都不远千里来到这里聚会。文坛领袖孟学士，其文采像腾起的蛟龙、飞舞的彩凤，王将军的兵器库里，藏有像紫电、青霜一样锋利的宝剑。由于家父在交趾做县令，我在探亲途中经过这个著名的地方。我年幼无知，竟有幸参加了这场盛大的宴会。

时当九月。积水消尽，潭水清澈，天空凝结着淡淡的云烟，暮霭中山峦呈现一片紫色。在高高的山路上驾着马车，在崇山峻岭中访求风景。来到昔日帝子的长洲，发现了滕王所修的滕王阁。这里山峦重叠，青翠的山峰耸入云霄。凌空的楼阁，红色的阁道犹如飞翔在天空，从阁上看不到地面。白鹤、野鸭停息的小洲，极尽岛屿的迂曲回环之势，用桂木、兰木修筑的宫殿，（高低起伏）像冈峦的样子。

推开雕花的阁门，俯视彩饰的屋脊，山峰平原尽收眼底，湖川曲折令人惊讶。遍地是里巷宅舍，有许多钟鸣鼎食的富贵人家；舸舰塞满了渡口，尽是雕上了青雀、黄龙花纹的大船。正值雨过天晴，虹消云散，阳光朗煦。落霞与孤单的野鸭一起飞翔，秋天的江水和辽阔的天空连成一片，浑然一色。傍晚渔舟中传出的歌声，响彻彭蠡湖滨；雁群感到寒意而发出惊叫，鸣声到衡阳之浦为止。

放眼远望，胸襟刚感到舒畅，超逸的兴致立即兴起。宴会上排箫声响起，好像徐徐的清风拂来，柔缓的歌声缭绕不散，吸引住飘动的白云。像睢园竹林的聚会，这里善饮的人，酒量超过彭泽县令陶渊明，像邺水赞咏莲花，这里诗人的文采，胜过临川内史谢灵运。（音乐与饮食，文章和言语）这四种美好的事物都已经齐备，

（贤主、嘉宾）这两个难得的条件也凑在一起了，向天空中极目远眺，在假日里尽情欢娱。苍天高远，大地辽阔，令人感到宇宙的无穷无尽。欢乐逝去，悲意袭来，我知道了事物的兴衰成败是有定数的。远望长安，遥看吴会，南方的陆地已到尽头，大海深不可测，北方的北斗星多么遥远，天柱高不可攀。关山重重难以越过，有谁同情不得志的人？萍水相逢，大家都是异乡之客。怀念着君王的宫门，但却不被召见，什么时候才能够去侍奉君王呢？

啊！各人的际遇不同，人生的命运多有不顺。冯唐容易衰老，李广难得封侯。使贾谊遭受委屈，贬至长沙，并不是没有圣明的君主；使梁鸿逃匿到齐鲁海滨，难道不是政治昌明的时代？只不过由于君子能了解时机，通达的人知道自己的命运罢了。虽然老了，但志气应当更加旺盛，怎能在白头时改变心情？境遇虽然困苦，但节操应当更加坚定，决不能抛弃自己的凌云壮志。即使喝了贪泉的水，仍觉着神清气爽，即使身处于奄奄待毙的时候，也是欢乐无比。北海虽然十分遥远，乘着旋风还可以到达；早年的时光虽然已经过去，而珍惜将来的岁月却为时不晚。孟尝君心地高洁，但却空有一腔报国热情；阮籍为人放纵不羁，我们怎能学他不拘礼法，在无路可走时便恸哭而还呢？

我王勃，地位卑微，只是一个书生。却无处去请缨杀敌，虽然和终军年纪相同，也有投笔从戎的志向。我羡慕宗悫那种"乘长风破万里浪"的英雄气概，如今我抛弃了一生的功名，到万里之外朝夕侍奉父亲。虽然自己并不是像谢玄那样出色的人才，但是能和贤德之士相交往。不久我将见到父亲，聆听他的教诲；今天我侥幸地奉陪各位长者，高兴地登上龙门。假如碰不上杨得意那样引荐的人，就只有抚拍着自己的文章而自我叹惜。既然已经遇到了钟子期那样的知音，就弹奏一曲《流水》又有什么羞愧呢？

啊！名胜之地不能常存，盛大的宴会难以再逢，兰亭宴饮集会已为陈迹，石崇的梓泽也变成了废墟。让我临别时作了这一篇序文，承蒙这个宴会的恩赐，至于登高作赋，只有指望在座诸公了。

我只是冒昧地尽我微薄的心意，恭敬地写此小序。我这首诗铺陈出来，成为四韵。在座诸位施展潘岳、陆机一样的才华，各自谱写瑰丽的诗篇吧。

　　滕王高阁临江渚，佩玉鸣鸾罢歌舞。
　　画栋朝飞南浦云，珠帘暮卷西山雨。
　　闲云潭影日悠悠，物换星移几度秋。
　　阁中帝子今何在？槛外长江空自流。

前赤壁赋

苏轼

　　壬戌①之秋，七月既望②，苏子与客泛舟游于赤壁之下。清风徐③来，水波不兴④。举酒属⑤客，诵明月之诗，歌窈窕之章。少焉⑥，月出于东山之上，徘徊于斗牛之间。白露横江⑦，水光接天。纵一苇之所如，凌万顷之茫然。浩浩乎如冯虚御风⑧，而不知其所止；飘飘乎如遗世独立⑨，羽化而登仙。

　　于是饮酒乐甚，扣舷而歌之。歌曰："桂棹兮兰桨，击空明兮溯流光。渺渺兮予怀，望美人兮天一方。"客有吹洞箫者，倚歌而和之。其声呜呜然，如怨如慕，如泣如诉，余音袅袅，不绝如缕。舞幽壑之潜蛟，泣孤舟之嫠妇。

　　苏子愀然，正襟危坐而问客曰："何为其然也？"客曰："'月明星稀，乌鹊南飞'，此非曹孟德之诗乎？西望夏口，东望武昌，山川相缪，郁乎苍苍，此非孟德之困于周郎者乎？方其破荆州，下江陵，顺流而东也，舳舻千里，旌旗蔽空，酾酒临江，横槊赋诗，固一世之雄也，而今安在哉？况吾与子渔樵于江渚之上，侣鱼虾而友麋鹿，驾一叶之扁舟，举匏樽以相属。寄蜉蝣于天地，渺沧海之一粟。哀吾生之须臾，羡长江之无穷。挟飞仙以遨游，抱明月而长终。知不可乎骤得，托遗响于悲风。"

237

苏子曰："客亦知夫水与月乎？逝者如斯，而未尝往也；盈虚者如彼，而卒莫消长也。盖将自其变者而观之，则天地曾不能以一瞬；自其不变者而观之，则物与我皆无尽也，而又何羡乎！且夫天地之间，物各有主，苟非吾之所有，虽一毫而莫取。惟江上之清风，与山间之明月，耳得之而为声，目遇之而成色，取之无禁，用之不竭，是造物者之无尽藏也，而吾与子之所共适。"

客喜而笑，洗盏更酌。肴核既尽，杯盘狼藉。相与枕藉乎舟中，不知东方之既白。

【注释】

①壬戌：宋神宗元丰五年（1082年），岁在壬戌。

②既望：既，过了；望，农历十五日。既望指农历十六日。

③徐：舒缓地。

④兴：起，作。

⑤属：通"嘱"，致意，此处引申为"劝请"的意思。

⑥少焉：一会儿。

⑦白露：白茫茫的水汽。横江：笼罩江面。横，横贯。

⑧冯虚御风：（像长出羽翼一样）驾风凌空飞行。冯，同"凭"，乘。虚，太空。御，驾御（驭）。

⑨遗世独立：遗弃尘世，独自存在。

【译文】

壬戌年秋，七月十六日，苏轼与友人在赤壁下泛舟游玩。清风拂来，水面波澜不起。举起酒杯邀同伴喝酒，吟诵着与明月有关的文章，歌颂《诗经·月出》这一章。不一会儿，明月从东山后升起，徘徊在斗宿与牛宿之间。白茫茫的雾气横贯江面，清泠泠的水光连着天际。任凭小船儿在江上飘荡，越过苍茫万顷的江面。（我的情思）浩荡，就如同凭空乘风，却不知道在哪里停止，飘飘然如遗弃尘世，超然独立，成为神仙，进入仙境。

这时候喝酒喝得高兴起来，用手叩击着船舷歌唱。歌中唱道：

"桂木做的船棹啊香兰做的船桨，（桨）划破月光下的清波啊，（船）在月光浮动的水面上逆流而上。我心里想得很远啊，想望伊人在天涯那方。"有会吹洞箫的客人，按着节奏为歌声伴和。洞箫"呜呜"作声，有如哀怨有如思慕，像是哭泣，又像是倾诉，尾声凄切、婉转、悠长，如同不断的细丝。箫声能使深谷中的蛟龙为之起舞，能使孤舟上的寡妇听了落泪。

苏轼的容色忧愁凄怆，（他）整好衣襟坐端正后向客人问道："箫声为什么这样哀怨呢？"客人回答："'月明星稀，乌鹊南飞'这不是曹公孟德的诗吗？（这里）向西可以望到夏口，向东可以望到武昌，山河接壤连绵不绝，（目力所及）一片苍翠，这不正是曹孟德被周瑜所围困的地方吗？当初他攻陷荆州，夺得江陵，沿长江顺流东下，麾下的战船绵延千里，旌旗将天空全都蔽住，在江边持酒而饮，横执长矛吟诗作赋，委实是当时的一代枭雄，而今天又在哪里呢？何况我与你在江边的水渚上捕鱼砍柴，与鱼虾做伴，与麋鹿为友，（我们）驾着这一叶小舟，举起杯盏相互敬酒。（我们）如同蜉蝣置身于广阔的天地中，像沧海中的一粒粟米那样渺小。哀叹我们的一生只有短暂的片刻，（不由）羡慕长江没有穷尽。（我想）与仙人携手遨游各地，与明月相拥而永存世间。（我）知道这些不可能屡屡得到，托寄在悲凉的秋风中罢了。"

我问道："你可也知道这水与月？不断流逝的就像这江水，其实并没有真正逝去；时圆时缺的就像这月亮，但是最终并没有增加或减少。可见，从事物易变的一面看来，天地间瞬间都在变化；而从事物不变的一面看来，万物与自己的生命同样无穷无尽，又有什么可羡慕的呢！何况天地之间，凡物各有自己的归属，若不是自己应该拥有的，即使一分一毫也不能求取。只有江上的清风，以及山间的明月，送到耳边便听到声音，进入眼帘便绘出形色，取得这些不会有人禁止，享用这些也不会有竭尽的时候。这是造物者（恩赐）的没有穷尽的大宝藏，你我尽可一起享用。"

客人高兴地笑了，清洗杯盏重新斟酒。菜肴和果品都被吃完了，只剩下桌上的杯碟一片凌乱。（苏子与同伴）在船里互相枕着垫着睡去，不知不觉天边已经显出白色。

洛神①赋并序

曹植

黄初②三年，余朝京师③，还济洛川④。古人有言，斯水⑤之神，名曰宓妃。感宋玉对楚王神女之事⑥，遂作斯赋。其辞曰：

余从京域⑦，言归东藩⑧。背伊阙⑨，越镮辕⑩，经通谷⑪，陵景山⑫。日既西倾，车殆马烦⑬。尔乃税驾乎蘅皋，秣驷乎芝田，容与乎阳林⑭，流眄⑮乎洛川。于是精移神骇，忽焉思散。俯则未察，仰以殊观，睹一丽人，于岩之畔。乃援御者而告之曰："尔有觌于彼者乎？彼何人斯？若此之艳也！"御者对曰："臣闻河洛之神，名曰宓妃。然则君王所见，无乃是乎？其状若何？臣愿闻之。"

余告之曰："其形也，翩若惊鸿，婉若游龙。荣曜秋菊，华茂春松。髣髴兮若轻云之蔽月，飘飖兮若流风之回雪。远而望之，皎若太阳升朝霞；迫而察之，灼若芙蕖出渌波。秾纤得衷，修短合度。肩若削成，腰如约素。延颈秀项，皓质呈露。芳泽无加，铅华弗御。云髻峨峨，修眉联娟。丹唇外朗，皓齿内鲜，明眸善睐，靥辅承权。瑰姿艳逸，仪静体闲。柔情绰态，媚于语言。奇服旷世，骨像应图。披罗衣之璀粲兮，珥瑶碧之华琚。戴金翠之首饰，缀明珠以耀躯。践远游之文履，曳雾绡之轻裾。微幽兰之芳蔼兮，步踟蹰于山隅。

于是忽焉纵体，以遨以嬉。左倚采旄，右荫桂旗。攘皓腕于神浒兮，采湍濑之玄芝。余情悦其淑美兮，心振荡而不怡。无良媒以接欢兮，托微波而通辞。愿诚素之先达兮，解玉佩以要之。嗟佳人之信修，羌习礼而明诗。抗琼珶以和予兮，指潜渊而为期。执眷眷之款实兮，惧斯灵之我欺。感交甫之弃言兮，怅犹豫而狐疑。收和颜而静志兮，申礼防以自持。

于是洛灵感焉，徙倚彷徨，神光离合，乍阴乍阳。竦轻躯以鹤立，若将飞而未翔。践椒涂之郁烈，步蘅薄而流芳。超长吟以永慕兮，声哀厉而弥长。

尔乃众灵杂遝，命俦啸侣，或戏清流，或翔神渚，或采明珠，或拾翠羽。从南湘之二妃，携汉滨之游女。叹匏瓜之无匹兮，咏牵牛之独处。扬轻袿之猗靡兮，翳修袖以延伫。体迅飞凫，飘忽若神，凌波微步，罗袜生尘。动无常则，若危若安。进止难期，若往若还。转眄流精，光润玉颜。含辞未吐，气若幽兰。华容婀娜，令我忘餐。

于是屏翳收风，川后静波。冯夷鸣鼓，女娲清歌。腾文鱼以警乘，鸣玉鸾以偕逝。六龙俨其齐首，载云车之容裔，鲸鲵踊而夹毂，水禽翔而为卫。

于是越北沚。过南冈，纡素领，回清阳，动朱唇以徐言，陈交接之大纲。恨人神之道殊兮，怨盛年之莫当。抗罗袂以掩涕兮，泪流襟之浪浪。悼良会之永绝兮，哀一逝而异乡。无微情以效爱兮，献江南之明珰。虽潜处于太阴，长寄心于君王。忽不悟其所舍，怅神宵而蔽光。

于是背下陵高，足往神留，遗情想像，顾望怀愁。冀灵体之复形，御轻舟而上溯。浮长川而忘返，思绵绵而增慕。夜耿耿而不寐，沾繁霜而至曙。命仆夫而就驾，吾将归乎东路。揽骓辔以抗策，怅盘桓而不能去。

【注释】

①洛神：传说古帝宓（fú）羲氏之女溺死洛水而为神，故名洛神，又名宓妃。

②黄初：魏文帝曹丕年号，220—226年。

③京师：京城，指魏都洛阳。

④济：渡。洛川：即洛水，源出陕西，东南入河南，流经洛阳。

⑤斯水：此水，指洛川。

⑥宋玉对楚王神女之事：传为宋玉所作的《高唐赋》和《神女赋》，都记载宋玉与楚襄王对答梦遇巫山神女事。

⑦京域：京都地区，指洛阳。

⑧言：助词，无实义。东藩：东方藩国，指曹植的封地。黄初三年（222年），曹植被立为鄄（juàn）城（即今山东鄄城县）王，城在洛阳东北方向，故称东藩。

⑨伊阙：山名，又称阙塞山、龙门山，在河南洛阳南。

⑩轘（huán）辕：山名，在今河南偃师东南。

⑪通谷：山谷名，在洛阳城南。

⑫陵：登。景山：山名，在今偃师南。

⑬殆：通"怠"，懈怠。一说指危险。烦：疲乏。

⑭容与：悠然安闲貌。阳林：地名。

⑮流眄：纵目四望。眄，斜视。一作"流盼"，目光流转顾盼。

【译文】

黄初三年，我来到京都朝觐，归渡洛水。古人曾说，此水之神，名字叫宓妃。因有感于宋玉对楚王所说的神女之事，于是作了这篇赋。赋文说道：

我从京都洛阳出发，向东回归封地鄄城，背着伊阙，越过轘辕，途经通谷，登上景山。这时日已西斜，车困马乏。于是就在长满杜蘅草的岸边卸了车，在生着芝草的地里喂马，自己则漫步于阳林，纵目眺望水波浩渺的洛川。于是不觉精神恍惚，思绪飘散。低头时还没有看见什么，抬头却发现了异常的景象，只见一个绝妙佳人,立于山岩之旁。我不禁拉着身边的车夫对他说:"你看见那个人了吗?那是什么人,竟如此艳丽?"车夫回答说:"臣听说河洛之神,名字叫宓妃。那么现在君王所看见的,莫非就是她?她的样子是什么样的?臣倒很想听听。"

我告诉他说:"她的形影,翩然若惊飞的鸿雁,婉约若游动的蛟龙。容光焕发如秋日下的菊花,体态丰茂如春风中的青松。她时隐时现像轻云笼月,浮动飘忽似回风旋雪。远而望之,明洁如朝霞中升起的旭日;近而视之,鲜丽如清波间绽开的新荷。她体态适中,高矮合度,肩窄如削,腰细如束,秀美的颈项露出白皙的皮肤。既不施脂,也不敷粉,发髻高耸如云,长眉弯曲细长,红唇鲜润,牙齿洁白,一双善于顾盼闪亮的眼睛,两个面颊下有甜甜的酒窝。她姿态优雅妩媚,举止温文娴静,情态柔美和顺,言辞得体可人。神服饰奇艳绝世,风骨体貌像画得一样。她身披明丽的罗衣,佩戴着精美的佩玉。头戴金银翡翠首饰,缀以周身闪亮的明珠。她脚着饰有花纹的远游鞋,拖着薄雾般的裙裾,隐隐散发出幽兰的清香,在山边徘徊徜徉。

忽然又飘然轻举,且行且戏,左面倚着彩旄,右面有桂旗庇荫,在河滩上伸出素手,采撷水流边的黑色芝草。我钟情于她的淑美,不觉心旌摇曳而不安。因为没有合适的媒人去说情,只能借助微波来传递话语。但愿自己真诚的心意能先于别人陈达,我解下玉佩向她发出邀请。可叹佳人实在美好,既明礼义又善言辞,她举着琼玉作出回答,并指着深深的水流发誓,约期相会。我怀着眷眷之诚,又恐受这位神女的欺骗。因有感于郑交甫曾遇神女背弃诺言之事,心中不觉惆怅、犹豫和迟疑,于是敛容定神,以礼义自持。

这时洛神深受感动,低回徘徊,神光时离时合,忽明忽暗。她像鹤立般地耸起轻盈的躯体,如将飞而未翔;又踏着充满花椒浓香的小道,走过杜蘅草丛而使芳气流动。忽又怅然长吟以表示深沉的思慕,声音哀婉而悠长。

于是众神纷至杂沓,呼朋引类,有的嬉戏于清澈的水流,有的飞翔于神异的小渚，有的在采集明珠，有的在俯拾翠鸟的羽毛。洛神身旁跟着娥皇、女英南湘二妃，她手挽汉水之神，为瓠瓜星的无偶而叹息，为牵牛星的独处而哀咏。时而扬起随风飘动的上衣，用长袖蔽光远眺，久久伫立；时而又身体轻捷如飞凫，飘忽游移不定。她在水波上行走，罗袜溅起的水沫如同尘埃。她行动没有规律，像危急又像安闲。进退难以预知，像离开又像回返。她双目流转光亮，容颜焕发泽润，话未出口，却已气香如兰。她的体貌婀娜多姿，令我看了不思茶饭。

在这时风神屏翳收敛了晚风，水神川后止息了波涛，冯夷击响了神鼓，女娲吟出清泠的歌声。飞腾的文鱼警卫着洛神的车乘，众神随着叮当作响的玉鸾一齐离去。六龙齐头并进，驾着云车从容前行。鲸鲵腾跃在车驾两旁，水禽绕翔护卫。

车乘走过北面的沙洲，越过南面的山冈，洛神转动白洁的脖颈，回过清秀的眉目，朱唇微启，缓缓地陈诉着往来交接的纲要。只怨恨人神有别，彼此虽然都处在盛年却无法如愿以偿。说着不禁举起罗袖掩面而泣，止不住泪水涟涟沾湿了衣襟，哀念欢乐的相会就此永绝，如今一别身处两地。不曾以细微的柔情表达爱慕之心，只能赠以明珰作为永久的纪念。自己虽然深处太阴，却时时怀念着君王。洛神说毕忽然不知去处，我为众灵一时消失隐去光彩而深感惆怅。

于是我舍低登高，脚步虽移，心神却仍留在原地。余情绻缱，不时想象着相会的情景和洛神的容貌；回首顾盼，更是愁绪萦怀。满心希望洛神能再次出现，就不顾一切地驾着轻舟逆流而上。行舟于悠长的洛水以至忘了回归，思恋之情却绵绵不断，越来越强，以至整夜心绪难平无法入睡，身上沾满了浓霜直至天明。我不得已命仆夫备马就车，踏上向东回返的道路，但当手执马缰，举鞭欲策之时，却又怅然若失，徘徊依恋，无法离去。

出师表①

诸葛亮

先帝②创业③未半而④中道⑤崩殂⑥，今天下三分⑦，益州疲弊⑧，此⑨诚⑩危急存亡之秋也。然侍卫之臣不懈于内，忠志之士忘身于外者，盖追先帝之殊遇，欲报之于陛下也。诚宜开张圣听，以光先帝遗德，恢弘志士之气，不宜妄自菲薄，引喻失义，以塞忠谏之路也。

宫中府中，俱为一体，陟罚臧否，不宜异同。若有作奸犯科及为忠善者，宜付有司论其刑赏⑪，以昭陛下平明之理，不宜偏私，使内外异法也。

侍中、侍郎郭攸之、费祎、董允等，此皆良实，志虑忠纯，是以先帝简拔以遗陛下。愚以为宫中之事，事无大小，悉以咨之，然后施行，必能裨补阙漏，有所广益。

将军向宠，性行淑均，晓畅军事，试用于昔日，先帝称之曰能，是以众议举宠为督。愚以为营中之事，悉以咨之，必能使行阵和睦，优劣得所。

亲贤臣，远小人，此先汉所以兴隆也；亲小人，远贤臣，此后汉所以倾颓也。先帝在时，每与臣论此事，未尝不叹息痛恨于桓、灵也。侍中、尚书、长史、参军，此悉贞良死节之臣，愿陛下亲之信之，则汉室之隆，可计日而待也。

臣本布衣，躬耕于南阳，苟全性命于乱世，不求闻达于诸侯。先帝不以臣卑鄙，猥自枉屈，三顾臣于草庐之中，咨臣以当世之事，由是感激，遂许先帝以驱驰。后值倾覆，受任于败军之际，奉命于危难之间，尔来二十有一年矣。

先帝知臣谨慎，故临崩寄臣以大事也。受命以来，夙夜忧叹，恐托付不效，以伤先帝之明，故五月渡泸，深入不毛。今南方已定，兵甲已足，当奖率三军，北定中原，庶竭驽钝，攘除奸凶，兴复汉室，还于旧都。此臣所以报先帝而忠陛下之职分也。至于斟酌损益，进尽忠言，则攸之、祎、允之任也。

愿陛下托臣以讨贼兴复之效；不效，则治臣之罪，以告先帝之灵。若无兴德之言，则责攸之、祎、允等之慢，以彰其咎。陛下亦宜自谋，以咨诹善道，察纳雅言，深追先帝遗诏，臣不胜受恩感激。

今当远离，临表涕零，不知所言。

【注释】

①出：出征。师：军队。表：古代向帝王上书陈情言事的一种文体。
②先帝：这里指刘备。
③创：开创，创立。业：统一中原的大业。
④而：表转折。
⑤中道：中途。
⑥崩殂（cú）：死。崩，古代称帝王、皇后之死。殂，死亡。
⑦三分：天下分为三个国家，即魏、蜀、吴三国。
⑧益州疲弊：指蜀汉国力薄弱，处境艰难。益州，这里指蜀汉。疲弊，人力疲惫，民生凋敝，困苦穷乏。
⑨此：这。
⑩诚：确实，实在。
⑪刑：受罚。赏：受赏。

【译文】

先帝开创的大业未完成一半却中途去世了，现在天下分为三国，蜀汉国力薄弱，处境艰难，这确实是国家危急存亡的时期啊。不过宫廷里侍从护卫的官员不懈怠，战场上忠诚有志的将士们奋不顾身，大概是因为他们追念先帝对他们的特别的知遇之恩，想要报答在陛下您身上。（陛下）你实在应该扩大圣明的听闻，发扬光大先帝遗留下来的美德，振奋有远大志向的人的志气，不应当随便看轻自己，说不恰当的话，以至于堵塞人们忠心规劝的言路。

皇宫中和朝廷里的大臣，都是一个整体，奖惩功过，不应有所不同。如有作恶违法或行为忠善的人，应该交给主管官吏评定对他们的惩奖，以显示陛下处理国事的公正严明，而不应当有偏袒和私心，使宫内和朝廷奖罚标准不同。

侍中、侍郎郭攸之、费祎、董允等人，都是善良诚实、心志忠贞纯洁的人，他们的志向和心思忠诚无二。因此先帝选拔他们留给陛下。我认为宫中之事，无论事情大小，都来跟他们商讨，之后再去实施，一定能够弥补缺点和疏漏之处，得到更多的好处。

将军向宠，性格和品行善良公正，精通军事，从前任用时，先帝称赞他很有才能，因此，众人商议推举他做中部督。我认为禁军营中的事，都跟他商讨，就一定能使军队团结一心，不同才能的人各得其所。

亲近贤臣，疏远小人，这是前汉之所以兴盛的原因；亲近小人，疏远贤臣，这是后汉之所以衰败的原因。先帝在世的时候，每逢跟我谈论这些事情，没有一次不叹息而痛恨桓帝、灵帝时期的腐败。侍中、尚书、长史、参军，这些人都是忠贞善良、守节不渝的大臣，望陛下亲近他们，信任他们，那么汉朝的复兴，就指日可待了。

我本来是平民，在南阳亲自耕田，在乱世中暂且保全性命，不奢求在诸侯之中出名。先帝不因为我身份卑微，屈尊下驾来看我，三次去我的茅庐拜访我，征询我对时局大事的意见，因此我十分感动，就答应为先帝奔走效劳。后来遇到兵败，在兵败的时候接受任务，形势危急之时奉命出使，从那时以来二十一年了。

先帝知道我做事小心谨慎，所以临终时把国家大事托付给我。接受遗命以来，我日夜忧虑叹息，只怕先帝托付给我的大任不能实现，以致损伤先帝的知人之明，所以我五月渡过泸水，深入到人烟稀少的地方。现在南方已经平定，兵员装备已经充足，应当鼓励并率领将领士兵，向北平定中原，希望用尽我平庸的才能，铲除奸邪凶恶的敌人，兴复汉室，返回旧都。这是我用以报答先帝尽忠陛下的职责。至于处理事务，斟酌情理，毫无保留地贡献忠言，那是郭攸之、费祎、董允的责任。

希望陛下能够把讨伐曹魏，兴复汉室的任务托付给我：若不能完成，就治我的罪，用来告慰先帝的在天之灵。如果没有振兴圣德的建议，那就责备郭攸之、费祎、董允等人的怠慢，揭示他们的过失。陛下也应自行谋划，毫无保留地接受忠诚的建议，采纳正确的言论，深切追念先帝临终留下的教诲。我感激不尽。

今天（我）将要告别陛下远行了，面对这份奏表禁不住热泪纵横，不知说了些什么。

1.春之诗 四季更迭

春夜喜雨
杜甫

好雨知时节，当春乃发生。
随风潜入夜，润物细无声。
野径云俱黑，江船火独明。
晓看红湿处，花重锦官城。

渔歌子
张志和

西塞山前白鹭飞，桃花流水鳜鱼肥。
青箬笠，绿蓑衣，斜风细雨不须归。

早春呈水部张十八员外
韩愈

天街小雨润如酥，草色遥看近却无。
最是一年春好处，绝胜烟柳满皇都。

滁州西涧
韦应物

独怜幽草涧边生，上有黄鹂深树鸣。
春潮带雨晚来急，野渡无人舟自横。

竹枝词

刘禹锡

杨柳青青江水平,闻郎江上踏歌声。
东边日出西边雨,道是无晴却有晴。

饮湖上初晴后雨

苏轼

水光潋滟晴方好,山色空蒙雨亦奇。
欲把西湖比西子,淡妆浓抹总相宜。

绝句

杜甫

迟日江山丽,春风花草香。
泥融飞燕子,沙暖睡鸳鸯。

江畔独步寻花

杜甫

黄四娘家花满蹊,千朵万朵压枝低。
留连戏蝶时时舞,自在娇莺恰恰啼。

忆江南

白居易

江南好,风景旧曾谙。
日出江花红胜火,春来江水绿如蓝。
能不忆江南?

游园不值

叶绍翁

应怜屐齿印苍苔，小叩柴扉久不开。
春色满园关不住，一枝红杏出墙来。

春日

朱熹

胜日寻芳泗水滨，无边光景一时新。
等闲识得东风面，万紫千红总是春。

大林寺桃花

白居易

人间四月芳菲尽，山寺桃花始盛开。
长恨春归无觅处，不知转入此中来。

泊船瓜洲

王安石

京口瓜洲一水间，钟山只隔数重山。
春风又绿江南岸，明月何时照我还。

惠崇春江晚景

苏轼

竹外桃花三两枝，春江水暖鸭先知。
蒌蒿满地芦芽短，正是河豚欲上时。

2.夏之诗

江南

汉乐府

江南可采莲,莲叶何田田。

鱼戏莲叶间。

鱼戏莲叶东,鱼戏莲叶西,

鱼戏莲叶南,鱼戏莲叶北。

小池

杨万里

泉眼无声惜细流,树阴照水爱晴柔。

小荷才露尖尖角,早有蜻蜓立上头。

晓出净慈寺送林子方

杨万里

毕竟西湖六月中,风光不与四时同。

接天莲叶无穷碧,映日荷花别样红。

六月二十七日望湖楼醉书

苏轼

黑云翻墨未遮山,白雨跳珠乱入船。

卷地风来忽吹散,望湖楼下水如天。

3.秋之诗

枫桥夜泊
张继

月落乌啼霜满天,江枫渔火对愁眠。
姑苏城外寒山寺,夜半钟声到客船。

夜书所见
叶绍翁

萧萧梧叶送寒声,江上秋风动客情。
知有儿童挑促织,夜深篱落一灯明。

望洞庭
刘禹锡

湖光秋月两相和,潭面无风镜未磨。
遥望洞庭山水翠,白银盘里一青螺。

秋夕
杜牧

银烛秋光冷画屏,轻罗小扇扑流萤。
天阶夜色凉如水,坐看牵牛织女星。

秋词

刘禹锡

自古逢秋悲寂寥,我言秋日胜春朝。
晴空一鹤排云上,便引诗情到碧霄。

暮江吟

白居易

一道残阳铺水中,半江瑟瑟半江红。
可怜九月初三夜,露似真珠月似弓。

菊花

元稹

秋丛绕舍似陶家,遍绕篱边日渐斜。
不是花中偏爱菊,此花开尽更无花。

山行

杜牧

远上寒山石径斜,白云生处有人家。
停车坐爱枫林晚,霜叶红于二月花。

赠刘景文

苏轼

荷尽已无擎雨盖,菊残犹有傲霜枝。
一年好景君须记,最是橙黄橘绿时。

敕勒歌

北朝民歌

敕勒川，阴山下。

天似穹庐，笼盖四野。

天苍苍，野茫茫，风吹草低见牛羊。

4.冬之诗

夜雪

白居易

已讶衾枕冷，复见窗户明。

夜深知雪重，时闻折竹声。

逢雪宿芙蓉山主人

刘长卿

日暮苍山远，天寒白屋贫。

柴门闻犬吠，风雪夜归人。

江雪

柳宗元

千山鸟飞绝，万径人踪灭。

孤舟蓑笠翁，独钓寒江雪。

白雪歌送武判官归京

岑参

北风卷地白草折，胡天八月即飞雪。
忽如一夜春风来，千树万树梨花开。
散入珠帘湿罗幕，狐裘不暖锦衾薄。
将军角弓不得控，都护铁衣冷难着。
瀚海阑干百丈冰，愁云惨淡万里凝。
中军置酒饮归客，胡琴琵琶与羌笛。
纷纷暮雪下辕门，风掣红旗冻不翻。
轮台东门送君去，去时雪满天山路。
山回路转不见君，雪上空留马行处。

雪梅

卢梅坡

梅雪争春未肯降，骚人阁笔费评章。
梅须逊雪三分白，雪却输梅一段香。

梅花

王安石

墙角数枝梅，凌寒独自开。
遥知不是雪，为有暗香来。

问刘十九

白居易

绿蚁新醅酒，红泥小火炉。
晚来天欲雪，能饮一杯无？

终南望余雪

祖咏

终南阴岭秀，积雪浮云端。
林表明霁色，城中增暮寒。

5.咏物题画

风

李峤

解落三秋叶，能开二月花。
过江千尺浪，入竹万竿斜。

墨梅

王冕

我家洗砚池头树，朵朵花开淡墨痕。
不要人夸好颜色，只留清气满乾坤。

石灰吟
于谦

千锤万凿出深山,烈火焚烧若等闲。
粉骨碎身浑不怕,要留清白在人间。

竹石
郑燮

咬定青山不放松,立根原在破岩中。
千磨万击还坚劲,任尔东西南北风。

苔
袁枚

白日不到处,青春恰自来。
苔花如米小,也学牡丹开。

蜂
罗隐

不论平地与山尖,无限风光尽被占。
采得百花成蜜后,为谁辛苦为谁甜。

6.赠友送别

送元二使安西

王维

渭城朝雨浥轻尘,客舍青青柳色新。
劝君更尽一杯酒,西出阳关无故人。

芙蓉楼送辛渐

王昌龄

寒雨连江夜入吴,平明送客楚山孤。
洛阳亲友如相问,一片冰心在玉壶。

别董大

高适

千里黄云白日曛,北风吹雁雪纷纷。
莫愁前路无知己,天下谁人不识君?

赠汪伦

李白

李白乘舟将欲行,忽闻岸上踏歌声。
桃花潭水深千尺,不及汪伦送我情。

赋得古原草送别
白居易

离离原上草，一岁一枯荣。

野火烧不尽，春风吹又生。

远芳侵古道，晴翠接荒城。

又送王孙去，萋萋满别情。

送杜少府之任蜀州
王勃

城阙辅三秦，风烟望五津。

与君离别意，同是宦游人。

海内存知己，天涯若比邻。

无为在歧路，儿女共沾巾。

闻王昌龄左迁龙标遥有此寄
李白

杨花落尽子规啼，闻道龙标过五溪。

我寄愁心与明月，随君直到夜郎西。

赠花卿
杜甫

锦城丝管日纷纷，半入江风半入云。

此曲只应天上有，人间能得几回闻。

赠范晔诗

陆凯

折花逢驿使,寄与陇头人。

江南无所有,聊赠一枝春。

江南逢李龟年

杜甫

岐王宅里寻常见,崔九堂前几度闻。

正是江南好风景,落花时节又逢君。

7.思乡怀人

望月怀远

张九龄

海上生明月,天涯共此时。

情人怨遥夜,竟夕起相思。

灭烛怜光满,披衣觉露滋。

不堪盈手赠,还寝梦佳期。

相思

王维

红豆生南国,春来发几枝。

愿君多采撷,此物最相思。

回乡偶书

贺知章

少小离家老大回，乡音无改鬓毛衰。

儿童相见不相识，笑问客从何处来。

九月九日忆山东兄弟

王维

独在异乡为异客，每逢佳节倍思亲。

遥知兄弟登高处，遍插茱萸少一人。

宿建德江

孟浩然

移舟泊烟渚，日暮客愁新。

野旷天低树，江清月近人。

次北固山下

王湾

客路青山外，行舟绿水前。

潮平两岸阔，风正一帆悬。

海日生残夜，江春入旧年。

乡书何处达？归雁洛阳边。

黄鹤楼

崔颢

昔人已乘黄鹤去，此地空余黄鹤楼。

黄鹤一去不复返,白云千载空悠悠。

晴川历历汉阳树,芳草萋萋鹦鹉洲。

日暮乡关何处是?烟波江上使人愁。

8.父母亲师

游子吟

孟郊

慈母手中线,游子身上衣。

临行密密缝,意恐迟迟归。

谁言寸草心,报得三春晖。

新竹

郑燮

新竹高于旧竹枝,全凭老干为扶持。

明年再有新生者,十丈龙孙绕凤池。

己亥杂诗

龚自珍

浩荡离愁白日斜,吟鞭东指即天涯。

落红不是无情物,化作春泥更护花。

无题

李商隐

相见时难别亦难,东风无力百花残。

春蚕到死丝方尽，蜡炬成灰泪始干。

春夜喜雨

杜甫

好雨知时节，当春乃发生。
随风潜入夜，润物细无声。
野径云俱黑，江船火独明。
晓看红湿处，花重锦官城。

七步诗

曹植

煮豆持作羹，漉菽以为汁。
萁在釜下燃，豆在釜中泣。
本是同根生，相煎何太急？

9.哲理深思

登鹳雀楼

王之涣

白日依山尽，黄河入海流。
欲穷千里目，更上一层楼。

题西林壁

苏轼

横看成岭侧成峰，远近高低各不同。

不识庐山真面目，只缘身在此山中。

观书有感

朱熹

半亩方塘一鉴开，天光云影共徘徊。
问渠那得清如许，为有源头活水来。

游山西村

陆游

莫笑农家腊酒浑，丰年留客足鸡豚。
山重水复疑无路，柳暗花明又一村。

乐游原

李商隐

向晚意不适，驱车登古原。
夕阳无限好，只是近黄昏。

寻隐者不遇

贾岛

松下问童子，言师采药去。
只在此山中，云深不知处。

10.诗中节日

浪淘沙
刘禹锡

九曲黄河万里沙,浪淘风簸自天涯。
如今直上银河去,同到牵牛织女家。

清明
杜牧

清明时节雨纷纷,路上行人欲断魂。
借问酒家何处有,牧童遥指杏花村。

嫦娥
李商隐

云母屏风烛影深,长河渐落晓星沉。
嫦娥应悔偷灵药,碧海青天夜夜心。

元日
王安石

爆竹声中一岁除,春风送暖入屠苏。
千门万户曈曈日,总把新桃换旧符。

九月九日忆山东兄弟
王维

独在异乡为异客,每逢佳节倍思亲。

遥知兄弟登高处,遍插茱萸少一人。

11.儿童逸趣

所见

袁枚

牧童骑黄牛,歌声振林樾。
意欲捕鸣蝉,忽然闭口立。

池上

白居易

小娃撑小艇,偷采白莲回。
不解藏踪迹,浮萍一道开。

小儿垂钓

胡令能

蓬头稚子学垂纶,侧坐莓苔草映身。
路人借问遥招手,怕得鱼惊不应人。

村居

高鼎

草长莺飞二月天,拂堤杨柳醉春烟。
儿童散学归来早,忙趁东风放纸鸢。

12.山水田园

鹿柴

王维

空山不见人,但闻人语响。
返景入深林,复照青苔上。

竹里馆

王维

独坐幽篁里,弹琴复长啸。
深林人不知,明月来相照。

独坐敬亭山

李白

众鸟高飞尽,孤云独去闲。
相看两不厌,只有敬亭山。

饮湖上初晴后雨

苏轼

水光潋滟晴方好,山色空蒙雨亦奇。
欲把西湖比西子,淡妆浓抹总相宜。

望天门山

李白

天门中断楚江开,碧水东流至此回。

两岸青山相对出，孤帆一片日边来。

书湖阴先生壁

王安石

茅檐长扫净无苔，花木成畦手自栽。
一水护田将绿绕，两山排闼送青来。

三衢道中

曾几

梅子黄时日日晴，小溪泛尽却山行。
绿阴不减来时路，添得黄鹂四五声。

望岳

杜甫

岱宗夫如何？齐鲁青未了。
造化钟神秀，阴阳割昏晓。
荡胸生层云，决眦入归鸟。
会当凌绝顶，一览众山小。

饮酒（其五）

陶渊明

结庐在人境，而无车马喧。
问君何能尔？心远地自偏。
采菊东篱下，悠然见南山。
山气日夕佳，飞鸟相与还。

此中有真意，欲辨已忘言。

绝句

杜甫

两个黄鹂鸣翠柳，一行白鹭上青天。

窗含西岭千秋雪，门泊东吴万里船。

四时田园杂兴（其三十一）

范成大

昼出耘田夜绩麻，村庄儿女各当家。

童孙未解供耕织，也傍桑阴学种瓜。

四时田园杂兴（其二十五）

范成大

梅子金黄杏子肥，麦花雪白菜花稀。

日长篱落无人过，惟有蜻蜓蛱蝶飞。

13.边塞战争

凉州词

王之涣

黄河远上白云间，一片孤城万仞山。

羌笛何须怨杨柳，春风不度玉门关。

凉州词

王翰

葡萄美酒夜光杯，欲饮琵琶马上催。
醉卧沙场君莫笑，古来征战几人回？

出塞

王昌龄

秦时明月汉时关，万里长征人未还。
但使龙城飞将在，不教胡马度阴山。

从军行

王昌龄

青海长云暗雪山，孤城遥望玉门关。
黄沙百战穿金甲，不破楼兰终不还。

塞下曲

卢纶

月黑雁飞高，单于夜遁逃。
欲将轻骑逐，大雪满弓刀。

14.爱国情怀

示儿

陆游

死去元知万事空，但悲不见九州同。

王师北定中原日，家祭无忘告乃翁。

过零丁洋

文天祥

辛苦遭逢起一经，干戈寥落四周星。
山河破碎风飘絮，身世浮沉雨打萍。
惶恐滩头说惶恐，零丁洋里叹零丁。
人生自古谁无死？留取丹心照汗青。

己亥杂诗

龚自珍

九州生气恃风雷，万马齐喑究可哀。
我劝天公重抖擞，不拘一格降人才。

闻官军收河南河北

杜甫

剑外忽传收蓟北，初闻涕泪满衣裳。
却看妻子愁何在，漫卷诗书喜欲狂。
白日放歌须纵酒，青春作伴好还乡。
即从巴峡穿巫峡，便下襄阳向洛阳。

第十六章 飞花令

一、春

爆竹声中一岁除,春风送暖入屠苏。　　——王安石《元日》

国破山河在,城春草木深。　　——杜甫《春望》

风雨送春归,飞雪迎春到。　　——毛泽东《卜算子·咏梅》

俏也不争春,只把春来报。　　——毛泽东《卜算子·咏梅》

等闲识得东风面,万紫千红总是春。　　——朱熹《春日》

忽如一夜春风来,千树万树梨花开。

　　　　　　　　——岑参《白雪歌送武判官归京》

滟滟随波千万里,何处春江无月明。

　　　　　　　　——张若虚《春江花月夜》

春江潮水连海平,海上明月共潮生。

　　　　　　　　——张若虚《春江花月夜》

不知细叶谁裁出,二月春风似剪刀。　　——贺知章《咏柳》

几处早莺争暖树,谁家新燕啄春泥。

　　　　　　　　——白居易《钱塘湖春行》

问君能有几多愁?恰似一江春水向东流。

　　　　　　　　——李煜《虞美人》

春花秋月何时了,往事知多少?　　——李煜《虞美人》

随意春芳歇,王孙自可留。　　——王维《山居秋暝》

春蚕到死丝方尽,蜡炬成灰泪始干。　　——李商隐《无题》

白雪却嫌春色晚,故穿庭树作飞花。　　——韩愈《春雪》

春风又绿江南岸,明月何时照我还。　　——王安石《泊船瓜洲》

谁言寸草心,报得三春晖。　　——孟郊《游子吟》

白日放歌须纵酒,青春作伴好还乡。

　　　　　　　　——杜甫《闻官军收河南河北》

阳春布德泽，万物生光辉。　　　　——汉乐府《长歌行》
沉舟侧畔千帆过，病树前头万木春。
　　　　　　　　——刘禹锡《酬乐天扬州初逢席上见赠》
野火烧不尽，春风吹又生。　——白居易《赋得古原草送别》
梅雪争春未肯降，骚人阁笔费评章。
　　　　　　　　　　　　　　——卢梅坡《雪梅·其一》
羌笛何须怨杨柳，春风不度玉门关。　——王之涣《凉州词》
月出惊山鸟，时鸣春涧中。　　　　——王维《鸟鸣涧》
人闲桂花落，夜静春山空。　　　　——王维《鸟鸣涧》
春潮带雨晚来急，野渡无人舟自横。——韦应物《滁州西涧》
春眠不觉晓，处处闻啼鸟。　　　　——孟浩然《春晓》
草长莺飞二月天，拂堤杨柳醉春烟。　——高鼎《村居》
庄生晓梦迷蝴蝶，望帝春心托杜鹃。　——李商隐《锦瑟》
江南好，风景旧曾谙；日出江花红胜火，春来江水绿如蓝。
　　　　　　　　　　　　　　　——白居易《忆江南》
东风不与周郎便，铜雀春深锁二乔。　——杜牧《赤壁》
最是一年春好处，绝胜烟柳满皇都。
　　　　　　　　　——韩愈《早春呈水部张十八员外》
春城无处不飞花，寒食东风御柳斜。　——韩翃《寒食》
料峭春风吹酒醒，微冷，山头斜照却相迎。
　　　　　　　　——苏轼《定风波·莫听穿林打叶声》
长恨春归无觅处，不知转入此中来。
　　　　　　　　　　　　　——白居易《大林寺桃花》
迟日江山丽，春风花草香。　　　——杜甫《绝句二首》
帘外雨潺潺，春意阑珊。——李煜《浪淘沙·帘外雨潺潺》

275

流水落花春去也，天上人间。

——李煜《浪淘沙·帘外雨潺潺》

人面不知何处去，桃花依旧笑春风。

——崔护《题都城南庄》

红豆生南国，春来发几枝。　　——王维《相思》

春种一粒粟，秋收万颗子。　　——李绅《悯农（其一）》

羌笛何须怨杨柳，春风不度玉门关。　　——王之涣《凉州词》

春色三分，二分尘土，一分流水。

——苏轼《水龙吟·次韵章质夫杨花词》

自古逢秋悲寂寥，我言秋日胜春朝。　　——刘禹锡《秋词》

江南无所有，聊赠一枝春。　　——陆凯《赠范晔诗》

读书不觉已春深，一寸光阴一寸金。　　——王贞白《白鹿洞》

二、江

江山如此多娇，引无数英雄竞折腰。

——毛泽东《沁园春·雪》

江山如画，一时多少豪杰。　　——苏轼《念奴娇·赤壁怀古》

大江东去，浪淘尽，千古风流人物。

——苏轼《念奴娇·赤壁怀古》

人生如梦，一尊还酹江月。　　——苏轼《念奴娇·赤壁怀古》

寒雨连江夜入吴，平明送客楚山孤。

——王昌龄《芙蓉楼送辛渐》

不知江月待何人，但见长江送流水。——张若虚《春江花月夜》

滟滟随波千万里，何处春江无月明。——张若虚《春江花月夜》

江天一色无纤尘，皎皎空中孤月轮。——张若虚《春江花月夜》

人生代代无穷已，江月年年只相似。——张若虚《春江花月夜》
江畔何人初见月？江月何年初照人？——张若虚《春江花月夜》
春江潮水连海平，海上明月共潮生。——张若虚《春江花月夜》
野径云俱黑，江船火独明。　　　　　——杜甫《春夜喜雨》
孤帆远影碧空尽，唯见长江天际流。

　　　　　　　　——李白《黄鹤楼送孟浩然之广陵》
孤舟蓑笠翁，独钓寒江雪。　　　　——柳宗元《江雪》
春风又绿江南岸，明月何时照我还？——王安石《泊船瓜洲》
天门中断楚江开，碧水东流至此回。　——李白《望天门山》
日暮乡关何处是？烟波江上使人愁。

　　　　　　　　——崔颢《黄鹤楼／登黄鹤楼》
指点江山，激扬文字，粪土当年万户侯。

　　　　　　　　——毛泽东《沁园春·长沙》
独立寒秋，湘江北去，橘子洲头。

　　　　　　　　——毛泽东《沁园春·长沙》
看万山红遍，层林尽染；漫江碧透，百舸争流。

　　　　　　　　——毛泽东《沁园春·长沙》
无边落木萧萧下，不尽长江滚滚来。　——杜甫《登高》
商女不知亡国恨，隔江犹唱后庭花。　——杜牧《泊秦淮》
至今思项羽，不肯过江东。　　　　——李清照《夏日绝句》
江南好，风景旧曾谙；日出江花红胜火，春来江水绿如蓝。

　　　　　　　　——白居易《忆江南》
朝辞白帝彩云间，千里江陵一日还。——李白《早发白帝城》
月落乌啼霜满天，江枫渔火对愁眠。——张继《枫桥夜泊》
一道残阳铺水中，半江瑟瑟半江红。——白居易《暮江吟》
野旷天低树，江清月近人。　　　——孟浩然《宿建德江》

正是江南好风景，落花时节又逢君。
                              ——杜甫《江南逢李龟年》
过江千尺浪，入竹万竿斜。   ——李峤《风》
江南可采莲，莲叶何田田。   ——佚名《江南》
迟日江山丽，春风花草香。   ——杜甫《绝句二首》
萧萧梧叶送寒声，江上秋风动客情。   ——叶绍翁《夜书所见》
杨柳青青江水平，闻郎江上踏歌声。   ——刘禹锡《竹枝词》
锦城丝管日纷纷，半入江风半入云。   ——杜甫《赠花卿》
江山代有才人出，各领风骚数百年。   ——赵翼《论诗》
江南无所有，聊赠一枝春。   ——陆凯《赠范晔诗》
江上往来人，但爱鲈鱼美。   ——范仲淹《江上渔者》
小舟从此逝，江海寄余生。
                      ——苏轼《临江仙·夜饮东坡醒复醉》

三、花

桃花潭水深千尺，不及汪伦送我情。   ——李白《赠汪伦》
人间四月芳菲尽，山寺桃花始盛开。
                              ——白居易《大林寺桃花》
竹外桃花三两枝，春江水暖鸭先知。
                              ——苏轼《惠崇春江晚景》
去年今日此门中，人面桃花相映红。
人面不知何处去，桃花依旧笑春风。
                              ——崔护《题都城南庄》
西塞山前白鹭飞，桃花流水鳜鱼肥。   ——张志和《渔歌子》

桃花坞里桃花庵，桃花庵下桃花仙；
桃花仙人种桃树，又摘桃花卖酒钱。

——唐寅《桃花庵歌》

小楼一夜听春雨，深巷明朝卖杏花。

——陆游《临安春雨初霁》

借问酒家何处有？牧童遥指杏花村。　　——杜牧《清明》
沾衣欲湿杏花雨，吹面不寒杨柳风。　　——志南《绝句》
已是悬崖百丈冰，犹有花枝俏。　——毛泽东《卜算子·咏梅》
待到山花烂漫时，她在丛中笑。　——毛泽东《卜算子·咏梅》
宝剑锋从磨砺出，梅花香自苦寒来。
不经一番寒彻骨，怎得梅花扑鼻香。

——黄檗禅师《上堂开示颂》

待到重阳日，还来就菊花。　　——孟浩然《过故人庄》
待到秋来九月八，我花开后百花杀。　——黄巢《不第后赋菊》
不是花中偏爱菊，此花开尽更无花。　　——元稹《菊花》
有三秋桂子，十里荷花。　——柳永《望海潮·东南形胜》
兴尽晚回舟，误入藕花深处。

——李清照《如梦令·常记溪亭日暮》

接天莲叶无穷碧，映日荷花别样红。

——杨万里《晓出净慈寺送林子方》

人闲桂花落，夜静春山空。　　　——王维《鸟鸣涧》
儿童急走追黄蝶，飞入菜花无处寻。

——杨万里《宿新市徐公店》

梅子金黄杏子肥，麦花雪白菜花稀。

——范成大《四时田园杂兴（其二十五）》

稻花香里说丰年，听取蛙声一片。
　　　　　　　　　　——辛弃疾《西江月·夜行黄沙道中》
杨花落尽子规啼，闻道龙标过五溪。
　　　　　　　　　　——李白《闻王昌龄左迁龙标遥有此寄》
唯有牡丹真国色，花开时节动京城。　——刘禹锡《赞牡丹》
花开堪折直须折，莫待无花空折枝。　——《金缕衣》
黄四娘家花满蹊，千朵万朵压枝低。
　　　　　　　　　　——杜甫《江畔独步寻花》
夜来风雨声，花落知多少。　——孟浩然《春晓》
无可奈何花落去，似曾相识燕归来。
　　　　　　　　　　——晏殊《浣溪沙·一曲新词酒一杯》
落红不是无情物，化作春泥更护花。　——龚自珍《己亥杂诗》
正是江南好风景，落花时节又逢君。
　　　　　　　　　　——杜甫《江南逢李龟年》
乱花渐欲迷人眼，浅草才能没马蹄。
　　　　　　　　　　——白居易《钱塘湖春行》
去年元夜时，花市灯如昼。　——欧阳修《生查子·元夕》
有约不来过夜半，闲敲棋子落灯花。　——赵师秀《约客》
林花谢了春红，太匆匆。——李煜《相见欢·林花谢了春红》
曲径通幽处，禅房花木深。　——常建《题破山寺后禅院》
感时花溅泪，恨别鸟惊心。　——杜甫《春望》
花间一壶酒，独酌无相亲。　——李白《花间独酌》
晓看红湿处，花重锦官城。　——杜甫《春夜喜雨》
云想衣裳花想容，春风拂槛露华浓。　——李白《清平调》
停车坐爱枫林晚，霜叶红于二月花。　——杜牧《山行》
春风得意马蹄疾，一日看尽长安花。　——孟郊《登科后》

四、月

明月松间照，清泉石上流。　　　　　——王维《山居秋暝》
月出惊山鸟，时鸣春涧中。　　　　　——王维《鸟鸣涧》
深林人不知，明月来相照。　　　　　——王维《竹里馆》
举头望明月，低头思故乡。　　　　　——李白《静夜思》
床前明月光，疑是地上霜。　　　　　——李白《静夜思》
月下飞天镜，云生结海楼。　　　　　——李白《渡荆门送别》
举杯邀明月，对影成三人。　　　　　——李白《月下独酌》
大漠沙如雪，燕山月似钩。　　　　　——李贺《马》
明月几时有？把酒问青天。　　　　　——苏轼《水调歌头》
人有悲欢离合，月有阴晴圆缺。　　　——苏轼《水调歌头》
海上生明月，天涯共此时。　　　　　——张九龄《望月怀远》
雁字回时，月满西楼。　　　　　　　——李清照《一剪梅》
露从今夜白，月是故乡明。　　　　　——杜甫《月夜忆舍弟》
月黑雁飞高，单于夜遁逃。　　　　　——卢纶《和张仆射塞下曲》
我歌月徘徊，我舞影凌乱。　　　　　——李白《月下独酌》
野旷天低树，江清月近人。　　　　　——孟浩然《宿建德江》
秦时明月汉时关，万里长征人未还。　——王昌龄《出塞》
春风又绿江南岸，明月何时照我还。
　　　　　　　　　　　　　　　　　——王安石《泊船瓜洲》
今人不见古时月，今月曾经照古人。　——李白《把酒问月》
人生得意须尽欢，莫使金樽空对月。　——李白《将进酒》
峨眉山月半轮秋，影入平羌江水流。　——李白《峨眉山月歌》
我寄愁心与明月，随君直到夜郎西。
　　　　　　——李白《闻王昌龄左迁龙标遥有此寄》

春江潮水连海平，海上明月共潮生。

——张若虚《春江花月夜》

潋滟随波千万里，何处春江无月明！

——张若虚《春江花月夜》

月落乌啼霜满天，江枫渔火对愁眠。

——张继《枫桥夜泊》

烟笼寒水月笼沙，夜泊秦淮近酒家。　　——杜牧《泊秦淮》

人间四月芳菲尽，山寺桃花始盛开。

——白居易《大林寺桃花》

故人西辞黄鹤楼，烟花三月下扬州。

——李白《黄鹤楼送孟浩然之广陵》

不知细叶谁裁出，二月春风似剪刀。　　——贺知章《咏柳》

停车坐爱枫林晚，霜叶红于二月花。　　——杜牧《山行》

可怜九月初三夜，露似真珠月似弓。　　——白居易《暮江吟》

江天一色无纤尘，皎皎空中孤月轮。

——张若虚《春江花月夜》

不知江月待何人，但见长江送流水。

——张若虚《春江花月夜》

江畔何人初见月？江月何年初照人？

——张若虚《春江花月夜》

人生代代无穷已，江月年年只相识。

——张若虚《春江花月夜》

疏影横斜水清浅，暗香浮动月黄昏。　　——林逋《梅花》

山高月小，水落石出。　　　　　　　　——苏轼《赤壁赋》

人生如梦，一樽还酹江月。　　——苏轼《念奴娇·赤壁怀古》

月明星稀，乌鹊南飞。　　　　　　　　——曹操《短歌行》

日月之行，若出其中。　　　　　　　——曹操《观沧海》

今宵酒醒何处？杨柳岸，晓风残月。　　——柳永《雨霖铃》

七月在野，八月在宇，九月在户，十月蟋蟀入我床下。

　　　　　　　　　　　　　　　　　　——《诗经·七月》

小时不识月，呼作白玉盘。　　　　　　——李白《古朗月行》

日色欲尽花含烟，月明欲素愁不眠。　　——李白《长相思》

三十功名尘与土，八千里路云和月。　　——岳飞《满江红》

明月别枝惊鹊，清风半夜鸣蝉，

稻花香里说丰年，听取蛙声一片。

　　　　　　　　　　　　　　　　　　——辛弃疾《西江月》

北风卷地白草折，胡天八月即飞雪。

　　　　　　　　　　　　——岑参《白雪歌送武判官归京》

烽火连三月，家书抵万金。　　　　　　——杜甫《春望》

月黑雁飞高，单于夜遁逃。　　　　　　——卢纶《塞下曲》

草长莺飞二月天，拂堤杨柳醉春烟。　　——高鼎《村居》

五、夜

随风潜入夜，润物细无声。　　　　　　——杜甫《春夜喜雨》

海日生残夜，江春入旧年。　　　　　　——王湾《次北固山下》

露从今夜白，月是故乡明。　　　　　　——杜甫《月夜忆舍弟》

柴门闻犬吠，风雪夜归人。

　　　　　　　　　　　　　——刘长卿《逢雪宿芙蓉山主人》

月黑雁飞高，单于夜遁逃。　　　　　　——卢纶《塞下曲》

天阶夜色凉如水，卧看牵牛织女星。　　——杜牧《秋夕》

可怜九月初三夜，露似真珠月似弓。　　——白居易《暮江吟》

山一程，水一程，身向榆关那畔行。夜深千帐灯。
　　　　　　　　　　　　　——纳兰性德《长相思》
姑苏城外寒山寺，夜半钟声到客船。　——张继《枫桥夜泊》
烟笼寒水月笼沙，夜泊秦淮近酒家。　——杜牧《泊秦淮》
君问归期未有期，巴山夜雨涨秋池。　——李商隐《夜雨寄北》
何当共剪西窗烛，却话巴山夜雨时。　——李商隐《夜雨寄北》
东风夜放花千树，更吹落、星如雨。
　　　　　　　　　　　　——辛弃疾《青玉案·元夕》
宝马雕车香满路，凤箫声动，玉壶光转，一夜鱼龙舞。
　　　　　　　　　　　　——辛弃疾《青玉案·元夕》
明月别枝惊鹊，清风半夜鸣蝉。
稻花香里说丰年，听取蛙声一片。　——辛弃疾《西江月》

六、云

只在此山中，云深不知处。　　　——贾岛《寻隐者不遇》
半亩方塘一鉴开，天光云影共徘徊。　——朱熹《观书有感》
众鸟高飞尽，孤云独去闲。　　——李白《独坐敬亭山》
黄河远上白云间，一片孤城万仞山。　——王之涣《凉州词》
大风起兮云飞扬。　　　　　　　——刘邦《大风歌》
远上寒山石径斜，白云生处有人家。　——杜牧《山行》
不畏浮云遮望眼，只缘身在最高层。　——王安石《登飞来峰》
气蒸云梦泽，波撼岳阳城。　——孟浩然《望洞庭湖赠张丞相》
云中谁寄锦书来，雁字回时，月满西楼。
　　　　　　　　　　　　　　——李清照《一剪梅》
明月出天山，苍茫云海间。　　　——李白《关山月》

月下飞天镜，云生结海楼。　　　　　——李白《渡荆门送别》
云母屏风烛影深，长河渐落晓星沉。　　——李商隐《嫦娥》
青海长云暗雪山，孤城遥望玉门关。
　　　　　　　　　　　　　　　　——王昌龄《从军行》
一枝红艳露凝香，云雨巫山枉断肠。　　——李白《清平调》
野径云俱黑，江船火独明。　　　　　　——杜甫《春夜喜雨》
黄鹤一去不复返，白云千载空悠悠。　　——崔颢《黄鹤楼》
南阳诸葛庐，西蜀子云亭。　　　　　　——刘禹锡《陋室铭》
曾经沧海难为水，除却巫山不是云。
　　　　　　　　　　　　　　　——元稹《离思五首·其四》
行到水穷处，坐看云起时。　　　　　　——王维《终南别业》
长风破浪会有时，直挂云帆济沧海。　　——李白《行路难》
云想衣裳花想容，春风拂槛露华浓。　　—— 李白《清平调》
当时明月在，曾照彩云归。　　　　　　——晏几道《临江仙》
三十功名尘与土，八千里路云和月。　　——岳飞《满江红》
朝辞白帝彩云间，千里江陵一日还。
　　　　　　　　　　　　　　　　——李白《早发白帝城》

七、天

天苍苍，野茫茫，风吹草低见牛羊。　　——《敕勒歌》
不敢高声语，恐惊天上人。　　　　　　——李白《夜宿山寺》
孤帆远影碧空尽，唯见长江天际流。
　　　　　　　　　　　——李白《黄鹤楼送孟浩然之广陵》
天门中断楚江开，碧水东流至此回。　　——李白《望天门山》
莫愁前路无知己，天下谁人不识君！　　——高适《别董大》

两个黄鹂鸣翠柳,一行白鹭上青天。　　——杜甫《绝句》
嫦娥应悔偷灵药,碧海青天夜夜心。　　——李商隐《嫦娥》
此曲只应天上有,人间能得几回闻。　　——杜甫《赠花卿》
天阶夜色凉如水,坐看牵牛织女星。　　——杜牧《秋夕》
天街小雨润如酥,草色遥看近却无。
　　　　　　　　　　——韩愈《早春呈水部张十八员外》
半亩方塘一鉴开,天光云影共徘徊。　　——朱熹《观书有感》
草长莺飞二月天,拂堤杨柳醉春烟。　　——高鼎《村居》
我劝天公重抖擞,不拘一格降人才。　　——龚自珍《己亥杂诗》
七八个星天外,两三点雨山前。　　——辛弃疾《西江月》
北风卷地白草折,胡天八月即飞雪。
　　　　　　　　　　——岑参《白雪歌送武判官归京》
流水落花春去也,天上人间。　　——李煜《浪淘沙》
明月几时有,把酒问青天。不知天上宫阙,今夕是何年?
　　　　　　　　　　——苏轼《水调歌头》
江天一色无纤尘,皎皎空中孤月轮。
　　　　　　　　　　——张若虚《春江花月夜》
了却君王天下事,赢得生前身后名。
　　　　　　　　　——辛弃疾《破阵子·为陈同甫赋壮词以寄之》
飞流直下三千尺,疑是银河落九天。　——李白《望庐山瀑布》
空山新雨后,天气晚来秋。　　——王维《山居秋暝》
接天莲叶无穷碧,映日荷花别样红。
　　　　　　　　　　——杨万里《晓出净慈寺送林子方》
野旷天低树,江清月近人。　　——孟浩然《宿建德江》
月落乌啼霜满天,江枫渔火对愁眠。　　——张继《枫桥夜泊》
天似穹庐,笼盖四野。　　——《敕勒歌》

日暮苍山远,天寒白屋贫。　　——刘长卿《逢雪宿芙蓉山主人》
天若有情天亦老,人间正道是沧桑。

　　　　　　　　　——毛泽东《七律·人民解放军占领南京》
一代天骄,成吉思汗,只识弯弓射大雕。

　　　　　　　　　　　　　　——毛泽东《沁园春·雪》
落霞与孤鹜齐飞,秋水共长天一色。　　——王勃《滕王阁序》
君不见黄河之水天上来,奔流到海不复回。

　　　　　　　　　　　　　　　——李白《将进酒》
海上生明月,天涯共此时。　　——张九龄《望月怀远》
天生我材必有用,千金散尽还复来。　　——李白《将进酒》
同是天涯沦落人,相逢何必曾相识。　　——白居易《琵琶行》
明月出天山,苍茫云海间。　　——李白《关山月》
仰天大笑出门去,我辈岂是蓬蒿人。

　　　　　　　　　　　——李白《南陵别儿童入京》
天时不如地利,地利不如人和。　　——《孟子》
蜀道之难,难于上青天。　　——李白《蜀道难》
在天愿作比翼鸟,在地愿为连理枝。　　——白居易《长恨歌》
夕阳西下,断肠人在天涯。　　——马致远《天净沙·秋思》
海内存知己,天涯若比邻。　　——王勃《送杜少府之任蜀州》
吾爱孟夫子,风流天下闻。　　——李白《赠孟浩然》
天上有行云,人在行云里。　　——辛弃疾《生查子·独游雨岩》

八、风

不知细叶谁裁出,二月春风似剪刀。　　——贺知章《咏柳》
野火烧不尽,春风吹又生。　　——白居易《赋得古原草送别》

羌笛何须怨杨柳，春风不度玉门关。——王之涣《凉州词》
人面不知何处去，桃花依旧笑春风。——崔护《题都城南庄》
迟日江山丽，春风花草香。——杜甫《绝句》
春风得意马蹄疾，一日看尽长安花。——孟郊《登科后》
东风不与周郎便，铜雀春深锁二乔。——杜牧《赤壁》
春城无处不飞花，寒食东风御柳斜。——韩翃《寒食》
千里黄云白日曛，北风吹雁雪纷纷。——高适《别董大》
夜来风雨声，花落知多少。——孟浩然《春晓》
正是江南好风景，落花时节又逢君。
——杜甫《江南逢李龟年》
湖光秋月两相和，潭面无风镜未磨。——刘禹锡《望洞庭》
千里莺啼绿映红，水村山郭酒旗风。——杜牧《江南春》
锦城丝管日纷纷，半入江风半入云。——杜甫《赠花卿》
泠泠七弦上，静听松风寒。——刘长卿《听弹琴》
云母屏风烛影深，长河渐落晓星沉。——李商隐《嫦娥》

九、雪

今我来思，雨雪霏霏。——《采薇》
柴门闻犬吠，风雪夜归人。——刘长卿《逢雪宿芙蓉山主人》
孤舟蓑笠翁，独钓寒江雪。——柳宗元《江雪》
终南阴岭秀，积雪浮云端。——祖咏《终南望余雪》
夜深知雪重，时闻折竹声。——白居易《夜雪》
欲将轻骑逐，大雪满弓刀。——卢纶《塞下曲》
风雨送春归，飞雪迎春到。——毛泽东《卜算子·咏梅》
北国风光，千里冰封，万里雪飘。——毛泽东《沁园春·雪》

北风卷地白草折，胡天八月即飞雪。

——岑参《白雪歌送武判官归京》

千里黄云白日曛，北风吹雁雪纷纷。　　——高适《别董大》

窗含西岭千秋雪，门泊东吴万里船。　　——杜甫《绝句》

白雪却嫌春色晚，故穿庭树作飞花。　　——韩愈《春雪》

大雪压青松，青松挺且直。　　——陈毅《青松》

梅须逊雪三分白，雪却输梅一段香。　　——卢钺《雪梅》

燕山雪花大如席，纷纷吹落轩辕台。　　——李白《北风行》

十、雨

好雨知时节，当春乃发生。　　——杜甫《春夜喜雨》

怒发冲冠，凭栏处、潇潇雨歇。　　——岳飞《满江红》

清明时节雨纷纷，路上行人欲断魂。　　——杜牧《清明》

风雨送春归，飞雪迎春到。　　——毛泽东《卜算子·咏梅》

安得广厦千万间，大庇天下寒士俱欢颜，风雨不动安如山。

——杜甫《茅屋为秋风所破歌》

寒雨连江夜入吴，平明送客楚山孤。

——王昌龄《芙蓉楼送辛渐》

七八个星天外，两三点雨山前。

——辛弃疾《西江月·夜行黄沙道中》

空山新雨后，天气晚来秋。　　——王维《山居秋暝》

君问归期未有期，巴山夜雨涨秋池。

何当共剪西窗烛，却话巴山夜雨时。

——李商隐《夜雨寄北》

水光潋滟晴方好，山色空蒙雨亦奇。

——苏轼《饮湖上初晴后雨》

渭城朝雨浥轻尘，客舍青青柳色新。

——王维《送元二使安西》

南朝四百八十寺，多少楼台烟雨中。　　——杜牧《江南春》

绿遍山原白满川，子规声里雨如烟。　——翁卷《乡村四月》

昨夜雨疏风骤，浓睡不消残酒。

——李清照《如梦令·昨夜雨疏风骤》

春潮带雨晚来急，野渡无人舟自横。　——韦应物《滁州西涧》

青箬笠，绿蓑衣，斜风细雨不须归。　　——张志和《渔歌子》

天街小雨润如酥，草色遥看近却无。

——韩愈《早春呈水部张十八员外》

大弦嘈嘈如急雨，小弦切切如私语。

——白居易《琵琶行/琵琶引》

竹杖芒鞋轻胜马，谁怕？一蓑烟雨任平生。

——苏轼《定风波》

回首向来萧瑟处，归去，也无风雨也无晴。

——苏轼《定风波》

沾衣欲湿杏花雨，吹面不寒杨柳风。　　——志南《绝句》

荷尽已无擎雨盖，菊残犹有傲霜枝。　——苏轼《赠刘景文》

帘外雨潺潺，春意阑珊。　　　　　　——李煜《浪淘沙令》

东边日出西边雨，道是无晴却有晴。　——刘禹锡《竹枝词》

十一、山

皑如山上雪,皎若云间月。　　　　　——卓文君《白头吟》
安得广厦千万间,大庇天下寒士俱欢颜,风雨不动安如山。
　　　　　　　　　　　　——杜甫《茅屋为秋风所破歌》
不论平地与山尖,无限风光尽被占。　　　——罗隐《蜂》
蝉噪林逾静,鸟鸣山更幽。　　　——王籍《入若耶溪》
迟日江山丽,春风花草香。　　　——杜甫《绝句二首》
待从头、收拾旧山河,朝天阙。　　——岳飞《满江红》
姑苏城外寒山寺,夜半钟声到客船。——张继《枫桥夜泊》
国破山河在,城春草木深。　　　　　——杜甫《春望》
寒雨连江夜入吴,平明送客楚山孤。
　　　　　　　　　　——王昌龄《芙蓉楼送辛渐》
何当共剪西窗烛,却话巴山夜雨时。——李商隐《夜雨寄北》
黑云翻墨未遮山,白雨跳珠乱入船。
　　　　　　　　　　——苏轼《六月二十七日望湖楼醉书》
黄河远上白云间,一片孤城万仞山。——王之涣《凉州词》
会当凌绝顶,一览众山小。　　　　　——杜甫《望岳》
江山代有才人出,各领风骚数百年。
　　　　　　　　　　——赵翼《论诗五首(其二)》
江山如画,一时多少豪杰。——苏轼《念奴娇·赤壁怀古》
君问归期未有期,巴山夜雨涨秋池。——李商隐《夜雨寄北》
空山不见人,但闻人语响。　　　　　——王维《鹿柴》
空山新雨后,天气晚来秋。　　　——王维《山居秋暝》
力拔山兮气盖世。时不利兮骓不逝。——项羽《垓下歌》
两岸青山相对出,孤帆一片日边来。——李白《望天门山》

两岸猿声啼不住，轻舟已过万重山。——李白《早发白帝城》
绿树村边合，青山郭外斜。——孟浩然《过故人庄》
七八个星天外，两三点雨山前。——辛弃疾《西江月》
千锤万凿出深山，烈火焚烧若等闲。——于谦《石灰吟》
千山鸟飞绝，万径人踪灭。——柳宗元《江雪》
人间四月芳菲尽，山寺桃花始盛开。
——白居易《大林寺桃花》
人闲桂花落，夜静春山空。——王维《鸟鸣涧》
日暮苍山远，天寒白屋贫。——刘长卿《逢雪宿芙蓉山主人》
山不厌高，海不厌深。——曹操《短歌行》
山气日夕佳，飞鸟相与还。——陶渊明《饮酒（其五）》
山一程，水一程，身向榆关那畔行，夜深千帐灯。
——纳兰性德《长相思·山一程》
山有木兮木有枝，心悦君兮君不知。——《越人歌》
山重水复疑无路，柳暗花明又一村。——陆游《游山西村》
水光潋滟晴方好，山色空蒙雨亦奇。
——苏轼《饮湖上初晴后雨》
水何澹澹，山岛竦峙。——曹操《观沧海》
西塞山前白鹭飞，桃花流水鳜鱼肥。——张志和《渔歌子》
相看两不厌，只有敬亭山。——李白《独坐敬亭山》

十二、酒

烟笼寒水月笼沙，夜泊秦淮近酒家。——杜牧《泊秦淮》
千里莺啼绿映红，水村山郭酒旗风。——杜牧《江南春绝句》

白日放歌须纵酒,青春作伴好还乡。

——杜甫《闻官军收河南河北》

葡萄美酒夜光杯,欲饮琵琶马上催。　　——王翰《凉州词》

劝君更尽一杯酒,西出阳关无故人。

——王维《送元二使安西》

明月几时有?把酒问青天。　　——苏轼《水调歌头》

借问酒家何处有?牧童遥指杏花村。　　——杜牧《清明》

绿蚁新醅酒,红泥小火炉。　　——白居易《问刘十九》

开轩面场圃,把酒话桑麻。　　——孟浩然《过故人庄》

对酒当歌,人生几何?　　——曹操《短歌行》

花间一壶酒,独酌无相亲。　　——李白《月下独酌》

浊酒一杯家万里,燕然未勒归无计。

——范仲淹《渔家傲》

今宵酒醒何处?杨柳岸晓风残月。　　——柳永《雨霖铃》

五花马,千金裘,呼儿将出换美酒,与尔同销万古愁。

——李白《将进酒》

十三、年

不知天上宫阙,今夕是何年。　　——苏轼《水调歌头》

稻花香里说丰年,听取蛙声一片。

——辛弃疾《西江月·夜行黄沙道中》

江山代有才人出,各领风骚数百年。

——赵翼《论诗五首(其二)》

将军百战死,壮士十年归。　　——《木兰辞》

今年欢笑复明年,秋月春风等闲度。　　——白居易《琵琶行》

锦瑟无端五十弦，一弦一柱思华年。　　——李商隐《锦瑟》
两句三年得，一吟双泪流。　　——贾岛《题诗后》
料得年年肠断处，明月夜，短松冈。
　　　　　——苏轼《江城子·乙卯正月二十日夜记梦》
烈士暮年，壮心不已。　　——曹操《龟虽寿》
莫等闲、白了少年头，空悲切。　　——岳飞《满江红·写怀》
莫笑农家腊酒浑，丰年留客足鸡豚。
　　　　　　　——陆游《游山西村》
海日生残夜，江春入旧年。　　——王湾《次北固山下》

十四、人

人生自古谁无死？留取丹心照汗青。
　　　　　　　——文天祥《过零丁洋》
人间四月芳菲尽，山寺桃花始盛开。
　　　　　　——白居易《大林寺桃花》
人生得意须尽欢，莫使金樽空对月。
　　　　　　　——李白《将进酒》
人生天地间，忽如远行客。
　　　　——《古诗十九首·青青陵上柏》
春去花还在，人来鸟不惊。　　——无名氏《画》
人闲桂花落，夜静春山空。　　——王维《鸟鸣涧》
空山不见人，但闻人语响。　　——王维《鹿柴》
清明时节雨纷纷，路上行人欲断魂。　　——杜牧《清明》
故人西辞黄鹤楼，烟花三月下扬州。
　　　　——李白《黄鹤楼送孟浩然之广陵》

劝君更尽一杯酒，西出阳关无故人。

——王维《送元二使安西》

人有悲欢离合，月有阴晴圆缺。　　——苏轼《水调歌头》

但愿人长久，千里共婵娟。　　　　——苏轼《水调歌头》

遥知兄弟登高处，遍插茱萸少一人。

——王维《九月九日忆山东兄弟》

远上寒山石径斜，白云生处有人家。　——杜牧《山行》

千山鸟飞绝，万径人踪灭。　　　　——柳宗元《江雪》

柴门闻犬吠，风雪夜归人。　——刘长卿《逢雪宿芙蓉山主人》

莫愁前路无知己，天下谁人不识君？　——高适《别董大》

春风得意马蹄疾，一日看尽长安花。　——孟郊《登科后》

独坐幽篁里，弹琴复长啸。深林人不知，明月来相照。

——王维《竹里馆》

去年今日此门中，人面桃花相映红。人面不知何处去，桃花依旧笑春风。　　　　　——崔护《题都城南庄》

野旷天低树，江清月近人。　　——孟浩然《宿建德江》

前不见古人，后不见来者。　——陈子昂《登幽州台歌》

十五、水

曾经沧海难为水，除却巫山不是云。　　——元稹《离思》

抽刀断水水更流，举杯消愁愁更愁。

——李白《宣州谢朓楼饯别校书叔云》

春江潮水连海平，海上明月共潮生。

——张若虚《春江花月夜》

风萧萧兮易水寒，壮士一去兮不复还。　　——《荆轲歌》

滚滚长江东逝水，浪花淘尽英雄。　　——杨慎《临江仙》

行到水穷处，坐看云起时。　　——王维《终南别业》

花自飘零水自流。一种相思，两处闲愁。

——李清照《一剪梅》

江南好，风景旧曾谙；日出江花红胜火，春来江水绿如蓝。

——白居易《忆江南》

京口瓜洲一水间，钟山只隔数重山。

——王安石《泊船瓜洲》

君不见，黄河之水天上来，奔流到海不复回。

——李白《将进酒》

流水落花春去也，天上人间。

——李煜《浪淘沙令·帘外雨潺潺》

清水出芙蓉，天然去雕饰。

——李白《经乱离后天恩流夜郎忆旧游书怀赠江夏韦太守良宰》

泉眼无声惜细流，树阴照水爱晴柔。　　——杨万里《小池》

仍怜故乡水，万里送行舟。　　——李白《渡荆门送别》

日日思君不见君，共饮长江水。

——李之仪《卜算子·我住长江头》

山一程，水一程，身向榆关那畔行，夜深千帐灯。

——纳兰性德《长相思》

山重水复疑无路，柳暗花明又一村。　　——陆游《游山西村》

胜日寻芳泗水滨，无边光景一时新。　　——朱熹《春日》

疏影横斜水清浅，暗香浮动月黄昏。

——林逋《山园小梅（其一）》

水光潋滟晴方好，山色空蒙雨亦奇。

——苏轼《饮湖上初晴后雨》

水何澹澹，山岛竦峙。　　　　——曹操《观沧海》

桃花潭水深千尺，不及汪伦送我情。　——李白《赠汪伦》

天阶夜色凉如水，坐看牵牛织女家。　——杜牧《秋夕》

天门中断楚江开，碧水东流至此回。　——李白《望天门山》

问君能有几多愁？恰似一江春水向东流。

——李煜《虞美人》

问渠那得清如许？为有源头活水来。

——朱熹《观书有感（其一）》

西塞山前白鹭飞，桃花流水鳜鱼肥。　——张志和《渔歌子》

烟笼寒水月笼沙，夜泊秦淮近酒家。　——杜牧《泊秦淮》

遥望洞庭山水翠，白银盘里一青螺。　——刘禹锡《望洞庭》

一道残阳铺水中，半江瑟瑟半江红。　——白居易《暮江吟》

一水护田将绿绕，两山排闼送青来。

——王安石《书湖阴先生壁》

盈盈一水间，脉脉不得语。　　——《迢迢牵牛星》

第十七章 对联

一、品质襟怀

1. 林则徐联

    海纳百川，有容乃大；
    壁立千仞，无欲则刚。

2. 郑板桥联

    未出土时先有节；
    到凌霄处总虚心。

3. 顾宪成联

    风声雨声读书声声声入耳
    家事国事天下事事事关心

4. 蒲松龄联

    有志者，事竟成，破釜沉舟，百二秦关终属楚；（项羽）
    苦心人，天不负，卧薪尝胆，三千越甲可吞吴。（勾践）

5. 李叔同联

    有才而性缓定数大才；
    有智而气和斯为大智。

6. 胡居仁联

    苟有恒，何必三更眠五更起；
    最无益，莫过一日曝十日寒。

7. 诸葛亮联

    非澹泊无以明志；
    非宁静无以致远。

8. 古代格言

    惟大英雄能本色；
    是真名士自风流。

9. 山西常家庄园联

　　精神到处文章老；

　　学问深时意气平。

10. 《菜根谭》联

　　宠辱不惊，闲看庭前花开花落；

　　去留无意，漫随天外云卷云舒。

11. 《菜根谭》联

　　鹤唳、雪月、霜天，想见屈大夫醒时之激烈；（屈原）

　　鸥眠、春风、暖日，会知陶处士醉里之风流。（陶渊明）

12. 《菜根谭》联

　　石火光中，争长竞短，几何光阴？

　　蜗牛角上，较雌论雄，许大世界？

13. 《朱子家训》联

　　一粥一饭，当思来处不易；

　　半丝半缕，恒念物力维艰。

14. 北京潭柘寺联

　　大肚能容容天下难容之事；

　　慈颜便笑笑世间可笑之人。

15. 《黄帝内经》联

　　静则神藏；

　　躁则消亡。

二、天地正气

1. 鲁迅联

　　横眉冷对千夫指；

301

俯首甘为孺子牛。

2. 诸葛武侯祠联

义胆忠肝，六经以来二表；

托孤寄命，三代而后一人。

3. 岳飞墓联

青山有幸埋忠骨；

白铁无辜铸佞臣。

4. 文天祥祠联

犹留正气参天地；

永剩丹心照古今。

5. 郭沫若书杜甫草堂联

世上疮痍，诗中圣哲；

民间疾苦，笔底波澜。

6. 扬州史可法祠联

殉社稷只江北孤城，剩水残山，尚留得风中劲草；

葬衣冠有淮南抔土，冰心铁骨，好伴取岭上梅花。

7. 渣滓洞烈士联

失败膏黄土；

成功济苍生。

8. 方志敏联

心有三爱：奇书、骏马、佳山水；

园栽四物：青松、翠竹、白梅兰。

三、山水华夏

1. 黄鹤楼联

一楼萃三楚精神,云鹤俱空横笛在;

二水汇百川支派,古今无尽大江流。

2. 黄鹤楼联

我从千里而来,看江上梅花,直开到红羊劫后;

谁云一去不返,听楼中玉笛,又吹起黄鹤飞高。

3. 秦皇岛姜女庙联

海水朝朝朝朝朝朝朝落;

浮云长长长长长长长消。

4. 山海关联

两京锁钥无双地;

万里长城第一关。

5. 武当山联

晨钟暮鼓,警醒世间名利客;

朱鱼清朗,唤觉浮世追梦人。

6. 陶然亭联

长戈满地,一亭独幽,客子河梁携手去;

把酒问天,陶然共醉,西山秋色上衣来。

7. 黄果树瀑布联

白水如棉,不用弓弹花自散;

红霞似锦,何须梭织天生成。

8. 颐和园养云轩

天外是银河,烟波宛转;

云中开翠崿,香雨霏微。

9. 峨眉洪椿坪联

意静不随流水转；

心闲还笑白云飞。

10. 福建惠安崇武古城联

嘘吸沧溟涵地脉；

吞吐日月镇天池。

11. 杭州西湖冷泉亭联

泉自几时冷起；

峰从何处飞来。

12. 西湖三潭印月联

明月自来去；

空潭无古今。

13. 庐山绝顶联

足下起祥云，到此者应带几分仙气；

眼前无俗障，坐定后宜生一点禅心。

14. 南昌百花洲联

枫叶荻花秋瑟瑟；

闲云潭影日悠悠。

15. 四川新都桂湖联

秋色横眉，桂树丛中招隐士；

湖光照面，荷花香里坐诗人。

16. 滕王阁联

我辈复登临，目极湖山千里而外；

奇文共欣赏，人在水天一色之中。

17. 无锡梅园联

　　客为坝上寓公，到此好吟千树雪；

　　我是江南驿使，折来聊寄一枝春。

18. 浙江普陀山联

　　兰若即清，竹林亦静；

　　诸天不老，大地皆春。

19. 昆明西山龙门联

　　高山仰止疑无路；

　　曲径通幽别有天。

20. 《红楼梦》联

　　绕堤柳借三篙翠；

　　隔岸花分一脉香。

四、家风传承

1. 《三槐堂铭》

　　忠厚传家久；

　　诗书继世长。

2. 清刻本《对联大全》

　　向阳门第春常在；

　　积善人家庆有余。

3. 《红楼梦》联

　　座上珠玑昭日月；

　　堂前黼黻焕烟霞。

4. 《红楼梦》联

　　假作真时真亦假；

　　无为有处有还无。

5. 《红楼梦》联

　　世事洞明皆学问；

　　人情练达即文章。

6. 山西常家对弈联

　　品茗临春草　黑白无胜负；

　　对弈闻夜钟　胸腹有甲兵。

五、长联鉴赏

　　昆明大观楼180字长联被称为"古今第一长联"，此联为康熙年间孙髯翁题。

　　五百里滇池，奔来眼底。披襟岸帻，喜茫茫空阔无边。看东骧神骏；西翥灵仪；北走蜿蜒；南翔缟素。高人韵士，何妨选胜登临。趁蟹屿螺洲，梳裹就风鬟雾鬓。更苹天苇地，点缀些翠羽丹霞。莫辜负：四围香稻，万顷晴沙，九夏芙蓉，三春杨柳。

　　数千年往事，注到心头。把酒凌虚，叹滚滚英雄谁在。想汉习楼船，唐标铁柱，宋挥玉斧，元跨革囊。伟烈丰功，费尽移山心力。尽珠帘画栋，卷不及暮雨朝云。便断碣残碑，都付与苍烟落照。只赢得：几杵疏钟，半江渔火，两行秋雁，一枕清霜。

春风化雨　师道传承

后记

每一个人，都会遇到影响一生的老师。司马迁在《史记·孔子世家》中说："'高山仰止，景行行止。'虽不能至，然心向往之。"老师，如高山般仁德静穆，如流水般静水流深。

师者，春风化雨，言传身教。他们的一言一行，一举一动，都细细雕琢着我们，成为我们灵魂的一部分。我站在三尺讲台上，看着孩子们的笑容，似乎也在传承着师道。

一片冰心——吴青

见到她的时候，她已是满头银丝了，却穿着一件浅荷色的连衣裙，如清纯的小女孩一般，拥有澄澈的眼睛、天真的举止，我想这就是返璞归真。

和她在一起，总是感觉她如月光般温柔。

银色的发髻，温婉地梳理在耳畔。她虽瘦小，却精神矍铄。霞粉衣衫，把她映衬得更加白皙，也映衬着她孩子般的笑颜。那似乎不老的眼眸，时而智慧若水，时而童真无邪，就像冰心笔下的繁星一般闪烁着。我从她的眼眸中，似乎看到了另一个人——冰心。那目光，是童真，是自然，是爱的传承。

她是冰心的女儿，每次想到她，脑海中的印象不是一位白发苍苍的老人，她拥有着温婉的气息，用布满皱纹的手，纤细地如同冰玉一般，悉心写下繁体字"爱"，将过去的故事，向我娓娓道来。

在淡墨香中，她回忆着与母亲的过去，在她徐徐的叙述中，我似乎看到了她依然笑容恬静，却变成小女孩的模样。雨后的清晨，冰心带着她在庭院里散步。晶莹的露珠，从苍翠欲滴的小草上滴落到泥土里，一刹那，青草香和泥土的清香飘散在雨后的空气中。一缕阳光透过浮动的云层，落在庭院中的小径间。在灰黄色的泥土间，小女孩看到一条干瘪的蚯蚓躺着，奄奄一息。冰心思忖着，春雨过后，一些小生灵会随着雨水闯入人类的视线。冰心便温和地拍了拍女儿的头："青儿，你看这条黄色的蚯蚓，它还在动呢！你害怕吗？""害怕……"女儿嗫嚅地回答。可是冰心却小心翼翼地把躺在水泥小路上的蚯蚓，轻柔地放在了手心中。双手捧着像小蛇般的蚯蚓，温柔地呵护着它，就像对待刚出生的婴儿一样。冰心轻轻地走到了花圃边，将蚯蚓放回了泥土中。女儿也不再害怕了，她知道蚯蚓在松土，在帮助地球呼吸。

当吴青女士在讲台上写下了繁体的"爱"字后，便娓娓地讲述和她妈妈的过去的事。听着这一切，房间里似乎也萦绕着雨后的青草和泥土的气息。我也似乎明白了什么是童真、自然与爱。

暖玉生烟——叶嘉莹

"诗者，志之所之也。在心为志，发言为诗。情动于中而形于言。言之不足故嗟叹之。嗟叹之不足，故永歌之。永歌之不足，不知手之舞之足之蹈之也。"叶嘉莹老师已九十五岁高龄，曾数十年在三尺讲台上，用诗心润泽人们的心灵。她从教至今七十余年，诗词便是她生命的月光；她虽"一世多艰"，仍"寸心如水"。

和她在一起，总是感觉她如玉般温润。

尤记得叶嘉莹老师授课的画面，她轻音如烟般吟诵着，教室如同沉浸在一片月光之中。她转身面向黑板，那满头银发是那么令人印象深刻。她抬起手颤颤巍巍却坚定地写下一行楷书："柔蚕到老应无憾，愿为天孙织锦成。"

她说自己就像一只日渐苍老的蚕，缓慢轻柔地吐着古典文学的银丝。岁月流逝，白驹过隙，她从容地面对时间的吞噬，看着自己逐渐苍老，年近期颐，可她仍然无憾。她要将古典文学传承给我们，并让我们把古典文学传承给下一代——"天孙"，她相信，未来"天孙"会将古典文学的银丝织成锦布。

古典文学关乎人的心灵、品格、审美和情趣。那是千年的文化积淀，是流淌在我们血液中的文明。

空谷幽兰——张静芳

初见她时，我刚上初中一年级，现在已不记得张静芳老师是长辫及腰还是长发披肩，穿过模糊的记忆的薄雾，依稀记得她白净的皮肤和春水般的笑容。她总是穿着干净的朴素的衣衫，她的气质如空谷幽兰，又如皓月临空，亦如她的名字张静芳恬静，却又出众。

和她在一起，总是感觉她如兰般静雅。

这是影响我的第一位老师，那时我是班长兼语文课代表，经常帮着张静芳老师拿讲义和作业。

言传身教，为了让我们字迹工整，她和我们一起一笔一画地练字；学以致用，为了让我们谈吐自然，她让我们上台当老师讲课；春风化雨，为了让我们感悟文学，她呕心沥血为我们准备朗诵、演讲活动。在她的课上我们似乎身处苏州园林，看亭台楼阁，水榭山峦；观映日荷花，冰原飞雪；邂逅孔乙己，长妈妈；茴香豆、柳叶儿、槐花的馨香也随着少年时光如白驹过隙般流逝，伴着文字，萦绕在教室里，飘荡在少年时代的记忆中……班上连最调皮的男生都很喜欢她，当她站着为我们批改作业时，最调皮的男生会搬凳子给静芳老师坐；看到静芳老师落泪，我们会不约而同地积极举手，晚上在做完繁杂的作业后还主动给静芳老师写信。经师易遇，人师难求。

那时，也明白了什么是"随风潜入夜，润物细无声""春蚕到死丝方尽，蜡炬成灰泪始干"。

依稀记得一个画面，静芳老师问我我的理想是什么。那时年幼，我随意地回答："我长大后，希望做一名像您一样的老师。"其实，稚嫩的我，心里的答案有无限种可能。只记得那时，她笑了，如春风摇曳着兰花，如月光轻抚着水波。

高中时候，听到了张静芳老师去世的消息。我的整个世界都变得灰暗了下来，这一抹阴霾至今无法挥去。但每当回忆她时，还是干净的衣着，淡淡的笑容。她质朴、博学、轻柔，如空谷幽兰，如皎洁的月光。

我也记得和她的约定我要做一位像她一样的老师。现在站在三尺讲台上，给孩子们讲课，我感觉自己在延续张静芳老师的生命——用爱温暖每个孩子的童年。

经师易遇，人师难求。老师，是文化的传承者，是人格的塑造者，是爱的传承者。她们如兰、如玉、如月光……她们经历过人生波折、岁月沧桑，可是她们还是站在讲台上。写这篇文字的时候，吴青老师已八十三岁高龄，叶嘉莹老师已经九十五岁高龄，张静芳老师已辞世十二年有余了，但是她们的精神依然陪着我站在讲台上，给孩子们讲古典文学。

为天地立心，为生民立命，为往圣继绝学，为万世开太平。

彭静
2020年9月书于北京

静赋

陈佳漪

古之修士，立身以静，清恬静一，以致瑞应。守一至静，门墙曲隐，不闻嚣音。至于寝静，服雾内视，五藏自知。修夜周静之时，存思于室，冥冥晦暗之日，七曜见之。夫静，除俗念而去嗜爱，洗心神而灭滞欲，心无外累之碍，则四海八荒皆来。固太上无情，钝闷服道，未临瑶台，不见紫桂，亦可后天而老。既无凭霄轻翥，焉求青砂积珠？盖龙蛇由命，生死天定，静则灭念，安得永年？

独植乎天地之间，顾彼川渎浩瀁，江山绵连。古今丽辞不绝，飘云动月，漪虽闻阙，亦有情迷心掠。焉能溺于虚妄，弃彼华章？矧今人触象，得其末光，文若月镜，照物犹新。今人继之，以观古今。古之师者，并尊天地君亲。为文者，必尊师重教，逸趣清高，本怀正道。漪虽学金融，物虑烦冗，尚念文学一梦，师恩万重。渺渺之中，云烟朦胧，乘风鸿鹤，蜿蟺神龙，云辔至而青琴出，飘飘若广寒，畅翔乎黄粱。此为文之乐未央，尊师之情无终。剑指书空，书一静字，静念此二者，遂作《静赋》，其辞曰：

屈原既逐兮，成楚辞而投江。叙山川于荆楚兮，启浪漫之形骨。至垓下闻悲歌兮，道霸王之末路。彼沛公何通乐兮，开强汉之国步。惟武帝之盛世兮，统九州而嵩呼。殿巍峨而煌煌兮，兴铺陈之大赋。时假意而讽谏兮，更二文以臣蜀。伴钟吕而低吟兮，民致意于乐府。报任安以明志兮，含辱而著《史记》。天三分而向魏兮，有建安之风骨。登高台何弥尘兮，临洛川而作赋。时英雄其寥寥兮，俾神器归小卒。恸叔夜之陨落兮，嗟广陵之再无。悲神州之陆沉兮，恨衣冠之南渡。幸雅集于兰亭兮，有振古之行书。及科举其设立兮，倚寒窗而苦读。仰盛唐之弘器兮，谓诗歌之国度。慕子安之英才兮，叹碧海其影孤。闻太白而绝倒兮，感风神何清疏！记梦游于天姥兮，世倾动而千古。因长生而长恨兮，见元白之双珠。慨中衰而将倾兮，徒相思其入骨。念故国而难归兮，思浮生之荣枯。偕瘦金而北狩兮，若词帝之相复。唯过江而偏安兮，焉卷土以还都？想金戈与铁马兮，空身老于荒芜。

张泪目而四顾兮，过零丁何零丁？梅高洁而碾尘兮，若山河之沸鼎。必忠魂存气节兮，染崖山成血岭。斯恨望何难平兮，照日月为大明。厦既成曰大观兮，历万难以取经。彼赤壁已燃尽兮，聚梁山之群英。东阳明传圣学兮，致良知而虚心。西牡丹可还魂兮，念一往而深情。惟清之字狱兮，伤浮景其西倾。曷修史而成案兮，此文明之不幸。步兰若遇幽魂兮，唱饮水之哀音。斯嘉吟有绮思兮，留千载之令名。文幻化于万千兮，摅笔者之神矜。效古人之意气兮，法遐借以通今。感时风之变动兮，体不足以陈情。苟文学皆摈斥兮，焉诵记而相吟？矧世用以科技兮，于时代其何轻？聊点缀乎本业兮，添春荣于瑞锦。

尔乃学有业次，仰赖恩师。斯陆蓁治世，雅流仰止，丹雀飞至，朱草遍植。怀愧于此，不能不恨于昔。承明教而荷师恩，悟冥理而正彝伦。非高足之弟子，得知爱而相惜。恐回惑于邪辟，辨泾渭以自涤。有道之师，心正行端。五德相授，四维具善，碧海漫漫，如见沉燃。若有无道，星雨皆坠，清汉昏暗。

闻鬼谷奇才，门下苏张，借地六百，六国佩相。医有长桑，授以禁方，扁鹊视病，尽见五藏。七计平吴，计然之想，一报前耻，佐助越王，功成身退，乘舟湖上。此间少年轻狂，名为张良，行刺始皇，下邳匿亡，遇黄石而得授，成帝业而兴邦。

古之师生，教学相长，尊师敬师，侍若高堂。义怀无双，资名远扬，爱徒入室，滞才进网。所钦所想，莫若师长。治世之本，兴国之邦。今之师生，多则易忘，恐不及同窗，共患之俦，同趣之侣，情溢清江。有师无道，更生怨望。幸师德之尚存，爱学生而宽仁，怀珠玉之良能。今染翰而赋成，心清静而自正。

陈佳漪
写于江苏南京
2020.6.24

推荐阅读书目

一至三年级

《飞鸟集》　　　　《新月集》　　　　　《园丁集》
《安徒生童话》　　《稻草人》　　　　　《格林童话》
《森林报》　　　　《父与子》　　　　　《伊索寓言》
《昆虫记》　　　　《中国古代神话》（袁珂著）
《山海经》　　　　《神话选译百题》（袁珂著）
《古希腊神话》　　《假如给我三天光明》　《唐诗三百首》

四至六年级

《幼学琼林》　　　《增广贤文》　　　　《猎人笔记》
《狼王梦》　　　　《最后一头战象》　　《斑羚飞渡》
《上下五千年》　　《牛的写意》　　　　《中国民间故事》
《青铜葵花》　　　《童年》　　　　　　《爱的教育》
《三国演义》　　　《西游记》　　　　　《水浒传》
《红楼梦》　　　　《红岩》　　　　　　《海底两万里》
《巴黎圣母院》　　《格列佛游记》　　　《骆驼祥子》
《朝花夕拾》

七至九年级

《红星照耀中国》　《汪曾祺全集》　　　《朱自清全集》
《傅雷家书》　　　《给青年的十二封信》
《平凡的世界》　　《名人传》　　　　　《艾青诗选》
《儒林外史》　　　《世说新语》　　　　《聊斋志异》
《简·爱》　　　　《契诃夫短篇小说选》
《我是猫》